초등교사를 위한
수학 · 예술 · 과학
융합 수업 모음집 III

김민경 · 김동희 · 이지영 · 이수현 · 홍은숙 지음

KM 경문사

머리말

급변하는 현대 사회에서 미래의 주역이 될 학생들에게 어떤 교육을 할 것인지에 대한 고민은 끊임없이 이어지고 있다. 2015 개정 교육과정은 '핵심 역량'을 중심으로 학생들이 4차 산업혁명 시대를 살아갈 수 있는 능력을 키우고자 한다. 이는 기존 교육과정에서 어떤 내용을 가르칠 것인지에 초점을 맞춘 것을 넘어 어떤 역량을 발휘할 인재로 키울 것인지에 대한 사회적 고민의 결과물이라 할 수 있다. 이에 따라 지식의 통합과 교과 융합의 필요성은 점점 확대되고 있다.

그러나 여전히 학교 현장에서의 융합 수업은 보편적인 것이 아닌 '특별 수업'에 가까운 것으로 여겨진다. 수업 재구성 역시 그 교과 분야에 능력이 있거나 공개 수업 혹은 장학 등 특별한 요구가 있을 때 실행하는 것으로 여기는 경향이 있다. 하지만 융합 수업과 재구성은 매 수업 시간에 지속적으로 이루어지고 있으며 교사가 단지 의식적으로 인지하지 않았다고 보인다. 예컨대 수학 교과의 다각형 수업의 경우, 교사가 다각형 개념을 소개하기 위해 건축물의 무늬 사진을 보여주거나 실생활 사례로 건축물의 무늬를 제시했다면 그것 역시 융합이며 재구성이라고 볼 수 있다. 과학 교과에서 '물체의 무게' 개념을 학습할 때, 미술 교과에서의 '체험'이나 '표현' 영역 등을 학습 활동 할 때 등 이를 연계하여 학생들에게 또 다른 '기회'와 '경험'을 제공할 때 유의미한 지식의 융합이 이루어질 수 있다. 이에 본 저서는 이러한 관점에서 융합 수업과 수업 재구성을 이야기하고자 하며 개발한 수업을 소개하고자 한다.

2010년대 중반 이후로 강조된 메이커 교육, 코딩 교육, 소프트웨어 교육과 최근 들어 활발히 논의되고 있는 AI 교육 모두 그 근본에는 지식의 융합이 있다. 학교 수학에서 학습자의 지식의 융합을 활성화하는 가장 좋은 방법은 각 교과에서 학습한 내용을 통합 및 융합할 수 있는 '기회'와 '경험'을 제공하는 것이다. 이 과정에서 교사는 학교 현장에서 학습자가 충분히 지식의 융합을 체험할 수 있도록 이끄는 핵심적인 안내자이다.

융합에 대한 체험 외에 고려해야 할 중요한 요소는 학생들의 관심, 흥미, 가치 등 정의적 특성 부분이다. PISA 2018, TIMSS 2019 결과를 보면 우리나라 학생들의 수학·과학 성취도는 상위권으로 나타났다. 반면 수학·과학에 대한 태도(자신감, 흥미)는 모두 낮게 나타났으며 국제 평균보다도 낮았다. 이는 현장의 교사들이 학생들이 흥미를 가지고 학습 활동에 임하며, 유의미한 성취 경험을 통해 자신감을 얻을 수 있도록 수업을 재구성 및 설계해야 한다는 것을 시사한다.

이와 관련하여 본 저서는 초등교사들이 교수·학습 자료를 개발하고 수업을 재구성할 때 하나의 길을 제시하고 함께 생각하고자 하는 맥락에서 탄생하였다. 2013년과 2015년에 각각 발간되었던 《초등교사를 위한 수학·예술·과학 융합 수업 모음집Ⅰ》과 《초등교사를 위한 수학·예술·과학 융합 수업 모음집Ⅱ》 시리즈의 후속물로 2015 개정 교육과정 내용에 초점을 두고 출간된 것이다. 모음집 Ⅰ, Ⅱ에서와 같이 다양한 수업 주제를 학년군별(1~2학년, 3~4학년, 5~6학년)로 정리하여 교사들이 실제 수업에 활용할 수 있도록 프로그램 개요와 함께 실제 적용 가능한 교수·학습과정안과 학생용 학습 자료 일체를 담았다. 특히, 세 번째 시리즈인 본 저서에서는 여러 해에 걸쳐 시도한 수업 내용 및 적용 결과를 바탕으로 교사를 위한 실제적 TIP을 가능한 한 상세히 수록하고자 노력하였다. 또한 온라인 수업, 영재 수업 등의 상황에서 본 프로그램을 활용할 수 있도록 안내하였다. 한편 학년군별 개발한 수업 외에 '수학을 담은 종이접기' 주제로 개발한 특화 수업 시리즈를 포함하였다. 초등학생들이 좋아하고 평소 익숙한 놀이 활동인 '종이접기'를 바탕으로 융합 수업을 구안하여 현장에서 새로운 융합 체험을 해볼 수 있도록 하였다.

본 저서가 완성되는 데 있어서 저서 출판을 흔쾌히 수락해 주신 경문사 조경희 사장님 외 이 책이 나오기까지 도와주신 모든 분께 감사의 마음을 전한다.

2021년 6월

저자 일동

■ 프로그램 개요

학년	순번	주제	활동
저학년	A-1	빨대로켓 여행	공기의 존재를 확인하고 씽씽카 제작 및 놀이를 통해 공기에 대한 기초적 이해를 얻을 수 있음. 빨대로켓을 제작하고 탐구하는 과정에서 공기의 힘이라는 과학적 원리와 통계적 이해를 경험함.
	A-2	빛과 그림자 나라로의 탐험	《이상한 나라의 앨리스》 이야기에 나오는 등장인물들을 수학·과학적 원리를 이용하여 일정한 크기로 축소 또는 확대하는 활동으로 이루어짐. 그림자 연극으로 직접 표현해 보는 과정을 경험함.
중학년	B-1	3D세계 대응나라 픽셀왕 -기초: 언플러그드-	다양한 대응의 사례를 살펴보고, '대응' 개념을 여러 분야에서 찾아 탐색함. '대응'의 수학적 개념을 활용하여 대응규칙을 정하고 나노블록 좌표설계도를 만들며 이를 토대로 나노블록 작품을 제작함.
	B-2	3D세계 대응나라 픽셀왕 -심화: 소프트웨어 교육-	'3D세계 대응나라 픽셀왕'의 심화편으로 소프트웨어 교육과 연계됨. 학생들이 그린 디자인, 좌표설계도, 나노블록 작품을 토대로 다양한 소프트웨어(한글 프로그램, 엑셀 프로그램, 구글 스프레드시트, 3D 모델링(123D Design) 프로그램)를 적용하여 산출물을 제작하고 공유함.
고학년	C-1	데이터로 예측하는 기후 변화	컴퓨터가 색상을 인식하는 2가지 방법을 살펴보며, 색상을 수로 나타내는 과정에서 데이터를 형성함. 색을 양적 데이터로 나타내는 방법을 익히고 지구상에 존재하는 다양한 생물군계에 따라 색이 어떻게 나타나는지 데이터화하여 살펴보며, 시간의 변화에 따른 각 생물군계의 색 변화를 살펴봄으로써 지구의 기후 변화를 예측함.
	C-2	가상현실 갤러리	입체 영상의 원리에 대한 과학적 이해와 입체도형에 대한 수학적 이해를 통합적으로 활용하여 창의적인 건축물을 만들어 갤러리를 꾸미고 앱을 활용한 360도 촬영을 하여 가상현실 갤러리를 감상함.
수학을 담은 종이 접기	D-1	DNA 접기	종이접기를 할 때 만들어지는 모양과 접었다 펼 때 생기는 접힌 선의 모양 등을 관찰하면서 변과 각을 나누고, 도형의 대칭과 합동의 개념을 학습함. 종이를 통해 회전체를 살펴보고 DNA 모형 만들기, 미우라 접기를 체험함.
	D-2	센서 무드등	첨단과학기술에 사용되는 센서에 대한 이해를 토대로 진동센서를 이용하여 전기회로를 구성하고 종이접기 방법으로 종이갓을 만들어 센서 무드등을 완성함.
	D-3	콤팩트 망원경	종이접기 원리와 입체도형에 대한 수학적 이해를 통합적으로 활용하여 망원경을 만드는 활동으로 구성함. 육각형의 성질, 유니트 종이접기, 렌즈를 통한 빛의 경로와 상의 변화를 탐구함.

들어가면서

본 저서는 2013년과 2015년에 각각 발간되었던 《초등교사를 위한 수학 · 예술 · 과학 융합 수업 모음집Ⅰ》과 《초등교사를 위한 수학 · 예술 · 과학 융합 수업 모음집Ⅱ》 시리즈의 후속물로 2015 개정 교육과정에 맞춰 출간된 초등교사를 위한 수업 모음집이다. 수업 내용의 수준 구분은 초등학교 저학년(1~2학년), 중학년(3~4학년), 그리고 고학년(5~6학년) 중심으로 이루어졌다.

이 책의 구성은 각 수준별 다음 내용으로 이루어진다.

- 활동 개요
- 융합적 요소 및 교육과정과의 연계성
- 교수 · 학습 과정안
- 활동지
- 교사용 참고자료

활동개요에서는 전체의 수업이 어떻게 구성되어 있는지에 대하여 핵심적인 부분을 중심으로 설명하였다. 이를 통해 수업 전반에 대한 이해를 높이고자 하였다. 또한 주요 활동 내용과 준비물을 표로 제시함으로써 활동에 대한 교사의 이해를 돕고자 하였다.

융합적 요소 및 교육과정과의 연계성 부분에서는 수업 활동과 관련된 수학, 과학을 중심으로 2015 개정 교육과정을 분석하여 관련된 성취 기준을 추출하여 제시하였다. 또한 학교 현장에서 보편적으로 활용하는 교과서의 해당 단원 혹은 영역을 제시하여 수업 재구성 및 과정중심 평가를 수월하게 준비할 수 있도록 하였다. 수학, 과학, 예술, 실과 등의 융합적 요소는 2015 개정 교육과정에서 강조하고 있는 내용을 중심으로 선정하였다. 이를 통해 교사가 수업을 계획할 때 교육과정을 기반으로 학습 활동을 구성할 수 있도록 노력하였다.

교수 · 학습 과정안에서는 교사들이 실제 교수·학습 활동을 이해할 수 있도록 차시별로 '활동 순서', '이렇게 활동했어요!', '여기서 잠깐!'으로 나누어 제시하였다. 이때 실제 학생들의 활동 및 산출물 사진을 첨부하고 유의점 등을 기술함으로써 교사가 수업의 흐름을 용이하게 파악할 수 있도록 하였다.

활동지는 관련된 활동 바로 뒤에 제시함으로써 활동에 대한 이해를 높이고 현장에 적용할 때에 교사들이 보다 쉽게 활용할 수 있도록 구성하여 도움을 주고자 하였다.

교사용 참고자료는 수업을 개발하고 적용하며 수정·보완하는 과정에서 알게 된 정보와 TIP을 제시함으로써 본 수업을 학교 현장에 적용할 때 일어날 수 있는 시행착오를 줄이고자 구성하였다. 여러 해에 걸친 적용과 다양한 수업 대상(2개 이상의 학년군 및 영재원 학생 등) 경험을 바탕으로 현장 교사들에게 실제적인 도움을 줄 것으로 기대한다.

본 모음집의 활동 개요, 융합적 요소 및 교육과정과의 연계성, 교수·학습 과정안, 활동지, 교사용 참고자료의 일련의 과정을 저학년·중학년·고학년으로 나누어 제시함으로써 교사들에게 실제적인 융합 수업에 대한 이해와 실천을 도울 수 있도록 구성하였다.

목차

PART A

초등학교 저학년(1~2학년) 수학·과학 융합 수업

A-1

빨대로켓 여행

A-2

빛과 그림자 나라로의 탐험

A-1 저학년(1~2학년군)

빨대로켓 여행

활동 개요

본 활동은 다양한 데이터를 기준에 따라 분류하고 기록하는 통계에 대한 수학적 이해와 공기의 힘에 대한 과학적 이해를 기반으로 빨대로켓을 제작 및 발사한다. 빨대로켓 발사 실험을 통해 얻은 비행거리 데이터를 활용하여 다양한 빨대로켓 발사 미션을 수행함으로써 통계적 감각과 공기의 힘에 대한 이해를 높이도록 구성하였다.

첫 번째 활동에서는 다양한 실생활 예로부터 공기의 존재를 확인하고 공기의 힘을 탐구한다. 먼저 사진과 영상을 통해 대상이 움직이거나 작동하는 과정에서 공기의 힘이 작용함을 확인한다. 바람이 불어 머리카락이 흩날리거나 나무가 흔들리는 것을 통해 공기의 존재를 확인한다. 씽씽카(바람자동차) 제작 및 실험을 통해 공기의 힘(세기, 방향, 작용 원리 등)에 대해 탐구한다.

두 번째 활동에서는 빨대로켓을 제작하고 표를 활용하여 실험 데이터를 정리하고 데이터를 해석하여 결과를 분석하는 과정을 경험하는 데 중점을 둔다. 굴절 빨대와 굵은 빨대로 간단하게 빨대로켓을 제작, 접이식 자에 로켓을 고정시켜 발사 각도에 따른 비행거리를 측정한다. 이때 각도는 저학년 수준에 적합하도록 작은 각, 중간 각, 큰 각(고학년: 30도, 45도, 60도)으로 구분하여 발사한다. 실험을 통해 얻은 발사거리 데이터로 최빈값 또는 중간값의 개념을 선택하여 각도별 예상 발사거리를 구한다.

마지막으로 빨대로켓 실험으로 얻은 데이터를 활용하여 다양한 미션을 수행하여 통계적 감각과 공기의 힘에 대한 이해를 높인다. 2학년 2학기 '겨울'의 1단원 '두근두근 세계여행'과 연계하여 여러 국가에 대하여 알아보고, 빨대로켓으로 목표 여행지에 도달하는 미션을 수행한다. 미션 수행 시 앞서 얻은 예상 발사거리 데이터를 사용하도록 한다. 또한 펌프로 공기의 힘을 조절하고, 접이식 자의 발사 각도를 조정하는 변인 통제 및 변인 조작 활동을 놀이를 통해 자연스럽게 경험하게 한다. 미션 종료 후에는 수업 참여 소감을 세계지도에 부착하여 다른 학생들과 경험을 공유하고 이해한 바를 확인하도록 한다.

	차시	주요 활동 내용
활동 내용	1	**• 볼 수 없고 잡을 수 없는 힘** - 눈에 보이지 않는 공기의 존재 확인하기: 경험 나누기, 바람 일으키기 - 공기의 힘 확인하기: 씽씽카 실험
	2	**• 빨대로켓 실험실** - 빨대로켓 제작하기 - 각도에 따른 빨대로켓 발사 거리 측정하기 - 거리 데이터를 분류하여 표로 정리하고 예상 발사거리 구하기
	3	**• 빨대로켓 타고 여행가요!** - 예상 발사거리를 활용하여 빨대로켓 세계여행 미션에 참여하기 [저: 2개, 고: 3개] - 미션 1: 최대한 많은 나라로 여행하기 미션 2: 하나의 나라로 모둠원 모두 여행하기 미션 3: 미리 정해놓은 나라로 여행하기 - 미션 수행 결과 표시하기 - 수업 소감 포스트잇 공유하기 (흥미로운 점, 새로 알게 된 점, 더 알고 싶은 점)
준비물	1인당 준비물: 굴절빨대 1개, 굵은 빨대 1/3개, 북엔드 1개, 접이식 자 1개, 미니 손펌프 1개, 자동차 만들기 세트 1개, 종이컵 1개, 포스트잇 1장, 가위 1개 모둠 준비물: 물레방아테이프, 폼 양면테이프, 절연테이프	

공기의 힘이라는 과학적 개념은 저학년군의 이해 수준을 고려하여 생활 속 사례, 경험 나누기 등을 통하여 이해하고 실험과 놀이를 통해 직접 체험할 수 있도록 한다. 과학과 교육과정에서도 '기체는 상태의 특징을 쉽게 알아내기 어렵기 때문에 다양한 활동을 통하여 물질의 각 상태가 지니는 특징을 이해'하도록 안내하고 있다(교육부, 2015).

빨대로켓 제작 이후 발사실험 과정에서 발사체가 날아간 거리를 측정하고 이를 기록하는 측정 영역의 문제상황을 제시하여 직접 길이를 재고 어림하는 경험을 얻도록 수업을 구성하였다. 또한 통계적 개념은 수학과 교육과정의 1~2학년군 내용을 토대로 하여 자료와 가능성 영역의 '[2수05-02] 분류한 자료를 표로 나타내고, 표로 나타내면 편리한 점을 말할 수 있다'라는 성취기준을 참고하였다. 보다 상위 학년군에 적용할 때에는 최빈값, 중간값의 개념을 추가하여 자료의 분류와 정리 영역의 활동으로써 접근해볼 수 있다. 본 프로그램을 통해 학생들이 객관적 데이터를 바탕으로 미래를 예측하고 합리적 의사결정을 내리는 과정의 필요성을 직접적으로 느낄 수 있도록 돕는다.

융합적 요소 및 교육과정과의 연계성

수학

▶ 해당 학년군: 1-2학년군
- 2학년 1, 2학기 길이 재기
- 2학년 1학기 분류하기
- 2학년 2학기 표와 그래프
- 4학년 1학기 각도

• 성취 기준

[2수03-06] 1m가 100cm임을 알고, 길이를 단명수와 복명수로 표현할 수 있다.

[2수03-08] 구체물의 길이를 재는 과정에서 자의 눈금과 일치하지 않는 길이의 측정값을 '약'으로 표현할 수 있다.

[2수05-02] 분류한 자료를 표로 나타내고, 표로 나타내면 편리한 점을 말할 수 있다.

[4수02-02] 각과 직각을 이해하고, 직각과 비교하는 활동을 통하여 예각과 둔각을 구별할 수 있다.

[4수03-12] 각의 크기의 단위인 1도(°)를 알고, 각도기를 이용하여 각의 크기를 측정하고 어림할 수 있다.

[6수05-01] 평균의 의미를 알고, 주어진 자료의 평균을 구할 수 있으며, 이를 활용할 수 있다.

• 융합적 요소

수학적 추론 능력
- 구체물 조작을 통해 각 및 길이 개념을 추론
- 발사거리 측정 및 기록을 통한 자료기록, 표 그리기 등의 기본 통계 개념을 추론

개념 및 원리의 이해
- 적절한 단위를 사용하여 정확하게 측정하기
- 기준을 정하여 자료를 나누는 분류 개념 이해
- 표를 그리는 것의 필요성 이해

문제해결 및 의사소통
- 길이의 단위, 길이재기 방법을 활용하여 발사거리 측정
- 통계적 개념을 자료 분류하기 및 표 그리기로 표현
- 수학적 개념을 적용하여 활동에 대한 자기평가를 작성

+

과학

▶ 해당 학년군: 3-4학년군, 5-6학년군
- 3학년 2학기 물질의 상태
- 3학년 2학기 액체와 기체
- 5학년 2학기 물체의 운동

• 성취 기준

[4과01-04] 여러 가지 물질을 선택하여 다양한 물체를 설계하고 장단점을 토의할 수 있다.

[4과07-02] 기체가 공간을 차지하고 있음을 알아보는 실험을 할 수 있다.

* 성취기준 해설: 물질의 상태 중 기체는 학생들이 쉽게 접하는 공기만 다룬다. 공기가 공간을 차지하고 있으며 공간을 이동할 수 있음을 실험을 통해 경험하도록 한다.
* 교수·학습 방법 및 유의사항: 기체는 고체와 달리 모양이 일정하지 않으므로 다양한 활동을 통하여 상태에 따른 성질을 배울 수 있도록 한다.

[6과-07-01] 일상생활에서 물체의 운동을 관찰하여 속력을 정성적으로 비교할 수 있다.

• 융합적 요소

기본 개념 이해
- 공기의 개념 이해와 공기의 존재 확인
- 기체의 부피와 기체의 무게 이해

현상에 대한 관심
- 생활 주변에서 공기의 힘에 의한 움직임이 존재함을 확인
- 다양한 공기의 힘을 활용한 사례를 통해 과학의 기본 개념 확인

과학적 탐구 능력
- 실제적인 자료와 사례 속에서 개념의 적용을 확인
- 모형을 개발하고 이를 활용하여 결과물을 제작
- 변인 통제 및 변인 조작의 기본을 실습

교수·학습 과정안(1차시)

활동명	볼 수 없고 잡을 수 없는 힘
활동주제	생활 속 사례를 통해 공기의 힘 이해하기
학습목표	1. 눈에 보이지 않지만, 공기가 존재함을 이해할 수 있다. 2. 다양한 사례와 구체물을 통해 공기의 힘을 확인하고 체험할 수 있다.

도입활동 무엇이든 물어보세요

■ 모둠 친구들과 함께 오늘의 '볼 수도 잡을 수도 없는 힘'을 알아내기 위한 질문 던지기
■ 선생님과의 문답을 통해 물음표 상자 속 오늘의 주제 알아내기

활동 1 언제나 어디서나 느낄 수 있어요

| 공기의 힘 확인하기 |

■ 활동 순서

① 사진 자료와 동영상 자료를 통해 생활 속에서 공기를 확인하는 방법 이야기하기

② 공기의 힘으로 할 수 있는 일 찾아보기

■ 이렇게 활동했어요!

https://pixabay.com/images/id-394543/

https://youtu.be/ywL0EeandLs

■ 여기서 잠깐!

1. 자료 탐색 시 학생들이 모둠 내에서 충분히 이야기 나눌 시간을 제공하여 과학적 의사소통을 경험하도록 한다.
2. 공기의 힘으로 할 수 있는 일에 관하여 이야기 나눌 때, 교사의 재량으로 관련 자료를 현장에서 탐색하여 제공함으로써 심화된 탐구 사례를 보여줄 수 있다.

활동 2 빨대로켓 추진력 얻기

| 씽씽카 제작 및 실험 |

■ 활동 순서

① 공기의 힘으로 움직이는 씽씽카를 제작한다. 키트를 조립한 후 종이컵을 달아 공기의 힘으로 이동시키기

② 씽씽카가 움직이는 원리에 관해 이야기 나누기

③ 컵의 안쪽 vs. 바깥쪽 부분 – 바람이 닿는 위치에 따라 어떻게 이동 거리가 달라지는지 확인해보기

④ 실험 결과를 활용하여 모둠 친구들과 씽씽카 경주하기

■ 이렇게 활동했어요!

완성품 	참고: 두꺼운 A5 용지와 굴절 빨대를 이용하여 다양한 모양의 씽씽카를 만들 수 있음 
1. 두 개의 축에 각각 하나씩 바퀴를 끼운다. 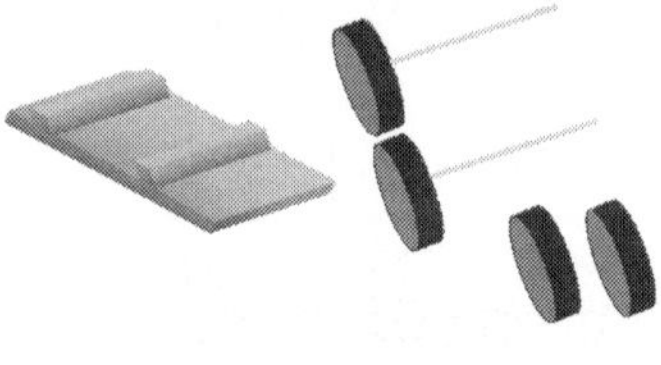	2. 두 개의 축을 볼록 튀어나온 나무판의 구멍에 각각 하나씩 끼우고 반대편 축에 바퀴를 하나씩 끼운다. 
3. 씽씽카를 뒤집어서 평편한 면이 보이게 한다. 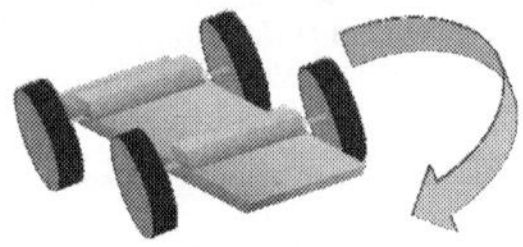	4. 씽씽카의 윗면에 폼테이프를 3cm 잘라 붙인다. 
5. 폼테이프에 종이컵을 눕혀 붙이고 완성한다. 	6. 완성 후 바람을 이용하여 씽씽카를 움직여 본다. 

■ 여기서 잠깐!

1. 종이컵 부착시 폼 테이프를 활용하면 단단하고 안정적으로 고정할 수 있다.
2. 씽씽카를 움직이는 바람은 입으로 불거나 공책 등의 도구를 사용할 수 있도록 한다. 단, 컵의 안쪽과 바깥쪽 부분에 바람을 불게 할 때, 씽씽카가 움직이는 속도의 차이를 확인하기 위해 종이컵에 가해지는 공기의 힘이 같도록 주의한다.
3. 씽씽카의 바퀴는 최대한 폭을 좁게 끼워서 축이 흔들리는 현상을 줄이도록 한다.

정리활동 볼 수 없고 잡을 수 없는 힘의 정체는?

| 공기의 힘에 대한 탐구 내용 정리 |

■ 활동 순서

① 공기의 힘을 확인하는 방법 이야기 나누기

② 앞서 경험해본 사례 외에 공기의 힘을 확인할 수 있는 또 다른 방법은 무엇이 있는지 찾아보기

교수·학습 과정안(2차시)

활동명	빨대로켓 실험실
활동주제	빨대로켓 여행 미션을 위한 로켓 제작 및 작동원리 익히기
학습목표	1. 공기의 힘을 활용한 빨대로켓 제작 방법을 탐색할 수 있다. 2. 빨대로켓 발사 각도에 따른 발사 거리를 측정하여 작동원리를 이해할 수 있다. 3. 실험 과정에서 얻은 결과를 기준에 따라 분류하여 표로 그리고 설명할 수 있다.

도입활동 빨대로켓 여행 미션 소개하기

- 공기의 힘으로 세계여행을 떠나는 나만의 빨대로켓 프로젝트 소개

활동 1 빨대로켓 준비하기

| 빨대로켓 만들기 |

- 활동 순서
  ① 빨대로켓 제작 방법 알아보기
  ② 빨대로켓 제작하기

- 이렇게 활동했어요!

준비물

- 개인 준비물: 5mm 굴절빨대 1개, 6mm 두꺼운 빨대 $\frac{1}{4}$개, 소형 북스토퍼 1개, 손펌프 1개, 접이식 자 1개
- 모둠 준비물: 폼양면테이프, 절연테이프, 스카치테이프, 가위

발사체 만들기	발사대 만들기 (1)
 두꺼운 빨대의 한쪽 끝을 테이프로 감아 바람이 빠지지 않도록 막기	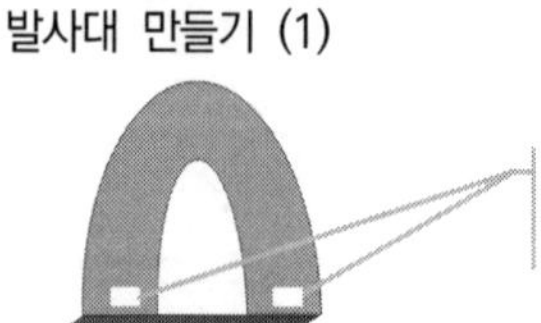 북스토퍼 안쪽 모서리에 폼테이프 1cm씩 2개 붙이기

발사대 만들기 (2)	발사대 만들기 (3)
 폼테이프 위에 접이식 자 붙이기	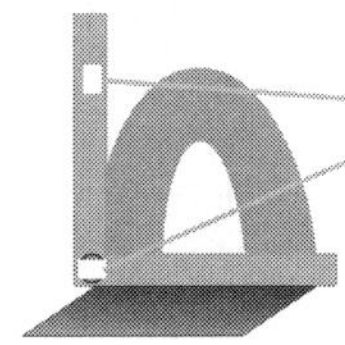 접이식 자의 중심과 윗부분에 폼테이프 1cm씩 각각 붙이기
발사대 만들기 (4)	**발사대 만들기 (5)**
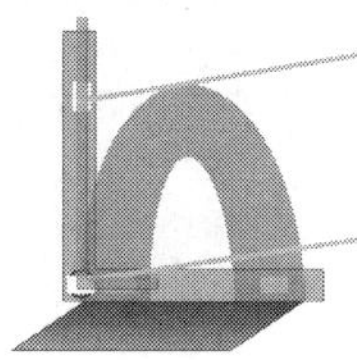 위쪽 폼테이프에 빨대의 긴 쪽 붙이기 접이식 자의 중심에 굴절빨대의 구부러지는 부분 붙이기	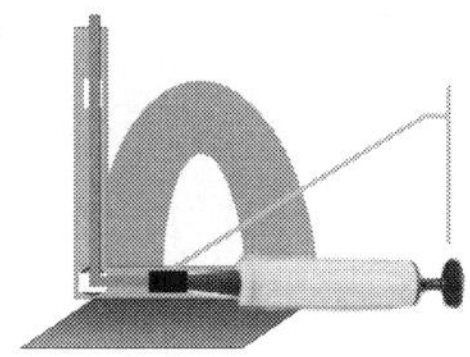 절연테이프로 빨대 아랫부분과 손펌프 연결하기

■ 여기서 잠깐!

1. 6mm 두꺼운 빨대 $\frac{1}{4}$개는 교사가 미리 잘라두었다가 배부하면 제작에 드는 시간을 줄일 수 있다.
2. 실물화상기를 활용하여 제작 단계를 학생들이 함께 보면서 따라올 수 있도록 안내하는 것이 효과적이다.

활동 2 빨대로켓 실험실

| 빨대로켓은 얼마나 멀리 갈 수 있을까? |

■ 활동 순서

① 발사하는 힘을 일정하게 유지하는 방법 의논하고 정하기

② 발사각의 크기(작은 각 30°, 중간 각 45°, 큰 각 60°)에 따라 5번씩 발사하고 날아간 거리 기록하기
(접이식 자는 15°마다 딸각 소리와 함께 각이 고정되므로 2번, 3번, 4번 딸각 소리를 확인하며 각을 고정할 수 있도록 한다.)

[저, 중학년]

③ '가장 여러 번 나온 발사거리' 또는 '나온 발사거리 중에 가운데 위치한 값' 중 한 가지를 선택하여 발사각에 따른 예상 발사거리 구하기

④ 예상 발사거리를 활용하여 빨대로켓 여행 방법 설명하기

[고학년]

③ 발사거리의 평균으로 발사각과 발사거리의 관계를 표와 그래프로 그리고 모둠원에게 설명하기

④ 예상 발사거리를 활용하여 빨대로켓 여행 방법 설명하기

■ 이렇게 활동했어요!

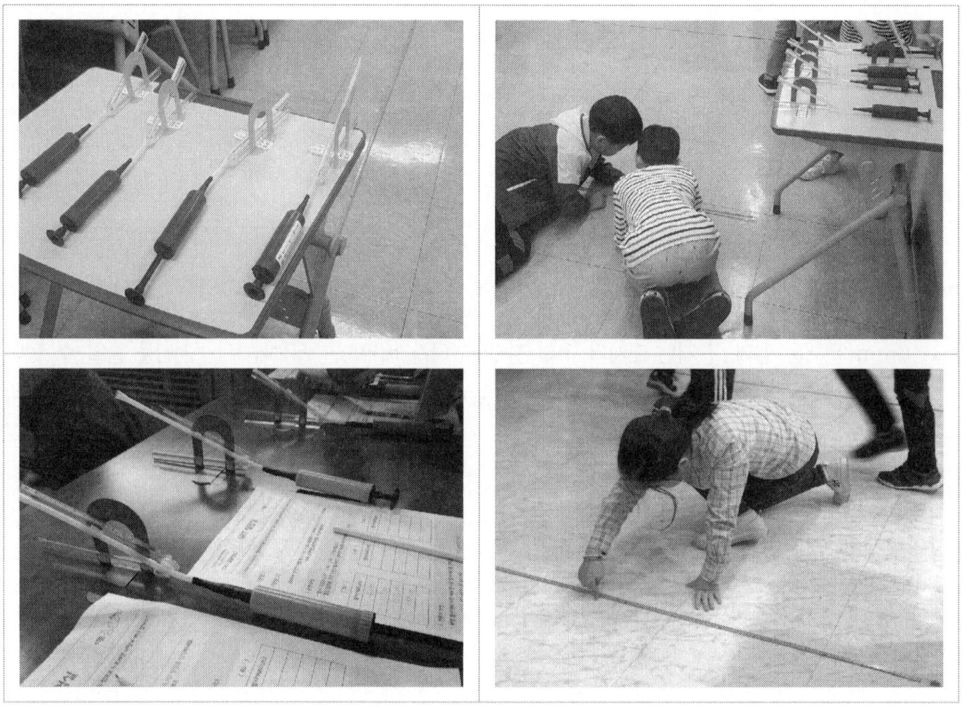

■ 여기서 잠깐!

1. 발사대를 책상에 스카치테이프로 고정하여 일정한 발사 위치를 유지하도록 한다.
2. 모둠원 2명씩 짝이 되어 서로의 발사거리를 대신 측정하여 불러주면 실험 시간을 단축할 수 있다.
3. 발사하는 힘을 항상 일정하게 유지하도록 안내한다.

저학년 (2차시)

빨대로켓 실험실

1. 빨대로켓을 발사할 때 항상 같은 힘으로 누르려면 어떻게 해야 할까요?

〈방법 1〉 ______________________

〈방법 2〉 ______________________

2. 훈련과정

- 발사 각도는 [작은 각/중간 각/큰 각] 3가지입니다.
- 같은 힘으로 각각 5번씩 발사하고 날아간 거리를 재어 아래에 써 봅시다.

〈작은 각〉

발사거리(cm)

〈중간 각〉

발사거리(cm)

〈큰 각〉

발사거리(cm)

3. 전문가 과정

- 예상 발사거리(가장 여러 번 나온 발사거리)를 구해 봅시다.

선택 1) 가장 여러 번 나온 발사 거리 **선택 2)** 발사거리 중에 가운데에 위치한 값

구분	작은 각	중간 각	큰 각
예상 발사거리(cm)			

고학년 (2차시)

빨대로켓 실험실

1. 빨대로켓을 발사할 때 항상 같은 힘으로 누르려면 어떻게 해야 할까요?

〈방법 1〉 ____________________

〈방법 2〉 ____________________

2. 훈련과정

- 발사 각도는 [30˚/45˚/60˚] 3가지입니다.
- 같은 힘으로 각각 5번씩 발사하고 날아간 거리를 재어 아래에 써 봅시다.

〈 30˚〉

발사거리(cm)

〈 45˚〉

발사거리(cm)

〈 60˚〉

발사거리(cm)

3. 전문가 과정

- 예상 발사거리(가장 여러 번 나온 발사거리)를 구해 봅시다.

선택 1) 가장 여러 번 나온 발사 거리 **선택 2)** 발사거리 중에 가운데에 위치한 값

구분	30˚	45˚	60˚
예상 발사거리(cm)			

교수·학습 과정안(3차시)

활동명	빨대로켓 타고 여행 가요!
활동주제	빨대로켓 발사 실험실에서 얻은 결과를 활용하여 여행 미션 수행하기
학습목표	1. 공기의 힘이 작용하는 원리를 이해하고 빨대로켓을 발사할 수 있다. 2. 이전 차시의 실험 결과 데이터를 활용하여 빨대로켓 여행 미션을 수행할 수 있다. 3. 실험과 미션 수행 과정에서 얻은 데이터를 비교하여 기존의 이해를 수정 및 보완할 수 있다.

도입활동 빨대로켓 여행 미션 소개하기

- 영상자료: "나라이름노래"(https://youtu.be/JGLiu5xhh4s),
  "We call this home"(https://youtu.be/ioYqFtr2D0Q)
  영상자료 보면서 세계 여러나라에 대해 알고 여행 미션으로의 동기 유발하기
- 공기의 힘으로 방방곡곡 여행을 떠나는 활동 미션 소개
  - 미션 1: 최대한 다양한 장소 방문하기
  - 미션 2: 만남의 장소 정하고 모둠원 모두 방문하기
  - 미션 3: 여행 코스대로 여행하기
- 저학년의 경우 2가지, 중학년 또는 고학년의 경우 3가지 모두를 제시하여 활동 수준을 조정할 수 있으며, 고학년은 미션별로 인원을 할당하는 등의 방법을 활용하여 활동 시간 조정이 가능함
- 4인 1모둠을 기본으로 활동함

활동 1 미션 수행하기

| 미션 1: 최대한 다양한 장소 방문하기 |

- 활동 순서
  ① 여행 장소가 쓰여 있는 과녁을 바닥에 배치하기
  ② 한 명당 3번씩 기회를 얻고 차례로 발사하기
  ③ 득점: 도착한 장소의 수 (고학년: "도착한 장소가 속한 대륙의 수"를 추가로 더하여 산출 가능)

| 미션 2: 여행 코스대로 여행하기 |

■ 활동 순서

① 모둠에서 의논하여 정한 3가지의 장소를 여행 코스로 정하고 해당 장소들에 도착하도록 발사하기

② 한 명당 3번씩 기회를 얻고 차례로 발사하기

③ 득점: 계획대로 여행한 장소의 수(0~3점) + 여행에 성공한 횟수(0~3점)

| 미션 3: 만남의 장소 정하고 모둠원 모두 방문하기 |

■ 활동 순서

① 한 장소에서 만나기로 정하고 모둠원이 목표 장소에 모두 도착하도록 하기

② 한 명당 3번씩 기회를 얻고 차례로 발사하기

③ 득점: 만남의 장소에 도착한 모둠원의 수 (고학년: 인원수×2)

■ 이렇게 활동했어요!

준비물

• 개인 준비물: 빨대로켓, 빨대로켓 실험실 학습지, 미션지

• 모둠 준비물: 종이테이프, 과녁판, 발사대(책상)

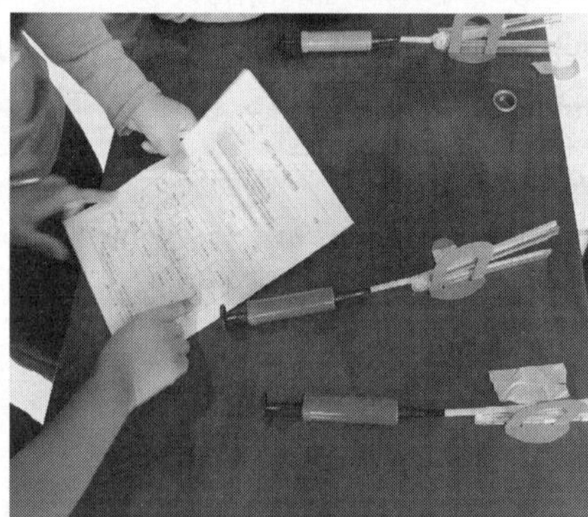

■ 여기서 잠깐!

1. 미션을 수행하면서 실험실에서 얻은 평균 발사거리 정보를 사용하고 실제 발사 결과와 비교하여 발사 루틴을 지속적으로 수정할 수 있도록 안내한다. 저학년의 경우, 실제 발사 결과를 계속 관찰하여 다음 발사할 때 반영하는 정도로 안내할 수 있다. 고학년의 경우 기존의 발사 방법을 단계별로 나누어 발사 위치, 손펌프의 발사 시작 위치, 손펌프를 누르는 속도 등을 일정하게 하는 변인 통제의 개념을 경험하게 한다.
2. 미션의 종류와 점수 산정 방법은 대상 학생들의 선호와 특성에 따라 교사가 조절 가능하며, 학생들과 함께 성하여도 좋다.

활동 2 미션 결과 발표하기

| 미션 점수 계산 및 모둠 토의 |

■ 활동 순서

① 모둠별로 기록한 미션 수행 점수를 계산하여 최종 결과를 산출한다.

② 미션을 수행하면서 알게 된 점을 모둠원과 이야기 나눈다.

③ 실험실에서 얻었던 예상 발사거리 데이터를 미션에 적용했을 때 유효했는지에 대하여 각자의 경험을 바탕으로 서술하고 모둠원 및 전체 학생과 이야기 나눈다.

④ 전체 활동 과정에서 경험하고 이해한 수학적, 과학적 원리에 대해 서술하고 모둠원에게 설명한다.

■ 여기서 잠깐!

빨대로켓 실험과 미션에 많은 시간이 소요되나, 처음 수업 계획 시, 모둠 토의 시간을 충분히 확보할 수 있도록 계획하여 충분히 학생들이 서술하고 상호 토의하도록 안내할 필요가 있다.

저학년 (3차시)

빨대로켓 여행 미션

1. 빨대로켓 타고 여행 가요!

- 미션 1: 최대한 다양한 장소 방문하기
- 미션 2: 여행 코스대로 여행하기
- 미션 3: 만남의 장소 정하고 모둠원 모두 방문하기

미션을 수행하면서 실험실에서 얻은 결과를 더욱 발전시켜 봅시다.

2. 결과 기록하기

미션 1	구분	도착한 장소 이름 쓰기		
최대한 다양한 장소 방문하기	모둠원 이름	첫 번째 시도	두 번째 시도	세 번째 시도
점수	여행한 장소의 수 (　　　) + 여행한 대륙의 수 (　　　) = (　　　)점 * 중복하여 도착한 장소는 한 번만 세어서 기록하기			

미션 2	구분	목표 장소: ________		
만남의 장소 정하고 모둠원 모두 방문하기	모둠원 이름	첫 번째 시도	두 번째 시도	세 번째 시도
		O / X	O / X	O / X
		O / X	O / X	O / X
		O / X	O / X	O / X
		O / X	O / X	O / X
점수	목표 장소에 도착한 모둠원의 수 (　　　) X 3 = (　　　)			

3. 미션 수행 결과 정리하기

미션	점수	총점
미션 1		
미션 2		
미션 3		

4. 미션을 수행하면서 알게 된 점을 설명해 봅시다.

1) 예상 발사거리와 비슷한 결과가 나왔나요? 네 / 아니오

〈네〉 - 예상 발사거리대로 나오도록 하기 위해 어떤 점을 고려하여 발사했나요?

〈아니오〉 - 실제 발사거리가 예상과 비슷하지 않다면 어째서 차이가 생겼을까요?

2) 미션 수행 과정에서 수학적, 과학적 원리를 적용한 경우가 있다면 설명해 봅시다.

고학년
(3차시)

빨대로켓 여행 미션

1. 빨대로켓 타고 여행 가요!

- 미션 1: 최대한 다양한 장소 방문하기
- 미션 2: 여행 코스대로 여행하기
- 미션 3: 만남의 장소 정하고 모둠원 모두 방문하기

• 미션을 수행하면서 실험실에서 얻은 결과를 더욱 발전시켜 봅시다.

2. 결과 기록하기

미션 1 최대한 다양한 장소 방문하기	구분	도착한 장소 이름 쓰기		
	모둠원 이름	첫 번째 시도	두 번째 시도	세 번째 시도
점수	여행한 장소의 수 (　　　) + 여행한 대륙의 수 (　　　) = (　　　)점 * 중복하여 도착한 장소는 한 번만 세어서 기록하기			

미션 2 여행 코스대로 여행하기	구분	여행 코스 : ______ - ______ - ______ (순서는 상관 없음)		
	모둠원 이름	첫 번째 시도	두 번째 시도	세 번째 시도
점수	코스대로 여행에 성공한 장소의 수 (　　) + 성공한 횟수 (　　) = (　　)			

<table>
<tr><td rowspan="6">미션 3

만남의 장소 정하고 모둠원 모두 방문하기</td><td>구분</td><td colspan="3">목표 장소: ________</td></tr>
<tr><td>모둠원 이름</td><td>첫 번째 시도</td><td>두 번째 시도</td><td>세 번째 시도</td></tr>
<tr><td></td><td>O / X</td><td>O / X</td><td>O / X</td></tr>
<tr><td></td><td>O / X</td><td>O / X</td><td>O / X</td></tr>
<tr><td></td><td>O / X</td><td>O / X</td><td>O / X</td></tr>
<tr><td></td><td>O / X</td><td>O / X</td><td>O / X</td></tr>
<tr><td>점수</td><td colspan="4">목표 장소에 도착한 모둠원의 수 (   ) X 3 = (   )</td></tr>
</table>

3. 미션 수행 결과 정리하기

미션	점수	총점
미션 1		
미션 2		
미션 3		

4. 미션을 수행하면서 알게 된 점을 설명해 봅시다.

1) 예상 발사거리와 비슷한 결과가 나왔나요? 네 / 아니오

〈네〉 - 예상 발사거리대로 나오도록 하기 위해 어떤 점을 고려하여 발사했나요?

____

____

〈아니오〉 - 실제 발사거리가 예상과 비슷하지 않다면 어째서 차이가 생겼을까요?

____

____

2) 미션 수행 과정에서 수학적, 과학적 원리를 적용한 경우가 있다면 설명해 봅시다.

____

____

교사용 참고 자료

도서 『앞서 나가는 10대를 위한 로켓 물리학』

이 책은 발사과학에 대해 돌팔매질 사냥부터 현재의 로켓 물리학까지 차근차근 설명하고 있습니다. 물리학이 기초가 되는 발사체의 움직임에 대하여 10대의 눈높이에서 차근차근 설명하고 있어 교사의 관점에서 학생들에게 로켓 물리학을 설명할 때 도움을 얻을 수 있습니다. 보조 자료와 웹사이트가 QR 코드로 연결되어 있어 자료 확보 측면에서도 유익합니다. 실제 새총, 미니 로켓 제작 등의 탐구활동을 수록하고 있어 보충 및 심화 활동 등의 힌트를 얻을 수 있는 책입니다.

도서 『풍선로켓 과학을 쏴라』

이 책은 과학 교과서에 담긴 과학 원리를 바탕으로 17가지의 발명품을 만들어보며 체험할 수 있도록 안내하고 있습니다. 생활 속 물품들을 사용하여 제작할 수 있어 교실에서도 활용하기 좋은 소재들이 수록되어 있습니다. 본 수업에서 활용한 씽씽카(바람으로 가는 자동차)와 같은 개념을 바탕으로 하는 "빨래집게 풍선로켓"을 참고하여 나무 자동차 키트를 구입하지 않고서도 공기의 힘을 체험할 수 있습니다. 또한 공기의 힘에 대한 심화된 탐구로서 "비닐봉지 낙하산"을 통해 공기의 저항 개념을 익힐 수 있는 등 본 프로그램을 적용한 이후에 확장 활용이 가능한 활동이 소개되어 있어 유용한 책입니다.

온라인 활동 자료 『ROCKET MICE』, Science Museum Group

온라인 사이트: https://learning.sciencemuseumgroup.org.uk/resources/rocket-mice/
영국 과학 박물관 협회에서 제공하고 있는 활동 자료로서 영국의 KS1~2(5~11세)학년의 학생들을 대상으로 가정 및 학급에서 활용할 수 있는 수업 안내서이다. 페트병과 색종이를 활용하여 간단하게 공기 로켓을 만드는 과정과 학생들에게 던질 수 있는 질문들을 제시하였다. 본 프로그램은 "MICE ROCKET"에서 착안하되 더 정확한 변인 통제를 위하여 발사체를 규격화할 수 있도록 빨대라는 소재를 활용하였고, 발사하는 힘을 일정하게 유지할 수 있도록 손펌프를 활용하여 학생들이 과학의 과정을 경험할 수 있도록 하였다.

다양한 공기 놀잇감 예시

1) 2 in 1 나무 돛단배 제품 (http://hssci.co.kr/product/detail.html?product_no=9095&cate_no=52&display_group=1)
   고무줄 동력의 힘과 바람의 힘을 활용하는 제품으로, 본 수업에서 활용하기 위해서는 바람의 힘만을 사용할 수 있다. 더불어 키트를 사용하지 않고 우드락과 수수깡, 빨대 등 학교에 있는 재료를 활용하여 간단하게 제작할 수 있는 아이디어를 얻을 수 있다.

2) 코르크 마개로 만든 돛단배 장난감
   코르크 마개를 배의 본체로 활용하여 산적꼬치와 색종이로 돛을 만들어 활용할 수 있다. 이 또한 다양한 재료를 활용하여 여러 형태로 변용 가능하다.
3) 스티로폼 돛단배 (https://kikodaddy.blogspot.com/2019/01/blog-post_18.html)
   스티로폼 포장을 활용하여 배의 본체나 자동차의 본체를 제작할 수 있다. 가볍고 구하기 쉬운 소재이므로 공기의 힘을 확인하는 실험에 적합하다.
4) DIY Wind Car (http://www.stirthewonder.com/diy-wind-car-science-lesson-fine-motor-fun/)
   해외 자료로 폼보드, 빨대, 막대기, 종이, 스티커, 나무바퀴 등을 활용하여 직접 바람자동차를 만드는 방법을 소개하고 있다. 학교에서 구하기 쉬운 재료로 바꾸어 공기의 힘을 확인하는 활동으로 활용 가능하다.

참고문헌

이향안, 윤진현(2010). 풍선로켓 과학을 쏴라. 서울: 계림북스.

Matthew Brenden Wood(2019). 앞서 나가는 10대를 위한 로켓 물리학. 서울: 타임북스.

이수현, 이지영, 김동희, 김민경(2019). 초등학교 융합 수업 개발 및 적용 사례 I (저학년): 빨대로켓 세계여행. 2019 수학교육관련 연합국제학술대회 프로시딩 591-594.

오정현, 이철현(2015). 놀이중심 STEAM 융합 프로그램이 초등학교 저학년의 교우관계와 학교 생활적응에 미치는 영향. 한국 실과교육학회 학술대회논문집 294.

KiKo Daddy(2019). [유아미술] 스티로폼 포장재로 돛단배 만들기. https://kikodaddy.blogspot.com/2019/01/blog-post_18.html

Science Museum(2020). How To: Shoot A Rocket Into The Air. https://youtu.be/z5PbABzvhxU

Science Museum Group(2019). ROCKET MICE. https://learning.sciencemuseumgroup.org.uk/resources/rocket-mice/

Stir the Wonder(2014). DIY Wind Car. http://www.stirthewonder.com/diy-wind-car-science-lesson-fine-motor-fun/

A-2 저·중학년(1~4학년군)

빛과 그림자 나라로의 탐험

활동 개요

본 활동은 '이상한 나라의 앨리스' 이야기에 나오는 등장인물들을 수학 · 과학적 원리를 이용하여 일정한 크기로 축소 또는 확대하는 활동과 그림자 연극으로 표현해 보는 활동으로 구성되어 있다.

첫 번째 활동에서는 '이상한 나라의 앨리스' 가운데 한 장면에 관한 이야기를 듣고, 등장인물인 앨리스를 정해진 크기로 확대하기 위해 광원과 물체의 간격 변화와 상의 위치 관계를 이용하여 그림자의 크기를 변화시키는 방법을 탐구한다.

두 번째 활동에서는 팬터그래프의 원리를 이해하고 팬터그래프를 만들어 조작하여 실제로 그려봄으로써 원래의 그림을 일정한 크기로 확대하는 방법을 이해한다. 또한 길이가 일정하게 늘어남에 따라 면적은 어떻게 달라지는지를 예측하고 이에 따른 조작활동을 통해 확인해 봄으로써 도형을 평면에서 확대할 때 길이 및 크기를 고려하여 표현하는 방법을 이해한다.

세 번째 활동에서는 그림자 연극을 하기 위한 아이디어 회의를 한다. 이야기의 주제와 배경, 그리고 등장하는 캐릭터를 정한다. 캐릭터가 정해졌으면 이야기의 내용을 꾸미는 그림자 연극을 하기 위한 준비를 한다.

마지막 활동에서는 빛과 물체의 거리를 이용하여 그림자 연극을 모둠별로 해보고 감상을 발표하게 된다. 이 과정에서 학생들은 조작 활동과 탐구 활동을 통해 수학적 추론능력 및 과학적 탐구능력을 기르게 될 것이고, 그림자 연극을 위해 준비하는 과정에서 창의적 문제해결력과 의사소통 능력, 통합적 사고능력을 키우게 될 것이다.

	차시	주요 활동 내용
활동 내용	1	빛과 그림자의 크기 이해하기 - '이상한 나라의 앨리스'의 일부 내용 이야기하기 - 그림자가 생기는 이유 알아보기 - 빛과 물체와의 거리에 따른 상(그림자)의 크기 관계 알아보기
	2	팬터그래프의 원리 활용하기 - 팬터그래프의 원리를 이해하고 만들기 - 팬터그래프를 이용하여 도형을 2배, 3배로 확대하여 그리기
	3	그림자 연극 준비하기 - 그림자 연극에 필요한 이야기 꾸미기 - 등장 캐릭터와 배경 등을 만들기
	4	그림자 연극하기 - 전등과 캐릭터의 거리를 이용하여 그림자 연극을 하기 - 전등과 캐릭터의 거리를 변화시켜 그림자 연극을 극대화하기 - 감상한 소감을 발표하기
준비물	그림자 연극 동영상 자료, 두꺼운 도화지, 가위, 풀, 자, 스카치테이프, LED 손전등, 트레이싱지, 폼보드, 도화지, 두꺼운 색지, 할핀, 펀치, 지퍼백, 투명 빨대, 필름통, 아이클레이, 실, 셀로판지, OHP 필름 등	

융합적 요소 및 교육과정과의 연계성

수학

▶ 해당 학년군 : 3-4학년군
- 2학년 1학기 여러 가지 도형
- 2학년 1학기 길이재기
- 3학년 1학기 평면도형
- 5학년 1학기 규칙과 대응

• 성취 기준

[4수02-05] 평면도형의 이동을 이용하여 규칙적인 무늬를 꾸밀 수 있다.

[4수04-01] 다양한 변화 규칙을 찾아 설명하고, 그 규칙을 수나 식으로 나타낼 수 있다.

• 융합적 요소

수학적 추론 능력

- 여러 가지 모양의 도형을 보고, 확대하여 그렸을 때 확대한 도형의 크기와 면적 변화를 추론하기

개념 및 원리의 이해

- 여러 가지 모양의 도형을 팬터그래프의 원리를 이용하여 도형을 확대하는 방법을 이해하기

문제해결 및 의사소통

- 팬터그래프를 이용하여 도형의 모양은 바꾸지 않고 크기만 일정한 비율로 확대하여 그리기

+

과학

▶ 해당 학년군 : 3-4학년군
- 4학년 2학기 그림자와 거울

• 성취 기준

[4과15-01] 여러 가지 물체의 그림자를 관찰하여 그림자가 생기는 원리를 설명할 수 있다.

[4과15-02] 전등과 물체 사이의 거리에 따른 그림자의 크기 변화를 관찰하여 서술할 수 있다.

• 융합적 요소

기본 개념 이해

- 빛의 성질과 그림자가 생기는 까닭을 알아보기
- 전등과 물체 사이의 거리에 따라 생기는 그림자의 크기가 다름을 이해하기

현상에 대한 관심

- 전등과 물체의 거리에 따라 스크린에 비치는 물체의 그림자의 크기 변화를 관찰하기

과학적 탐구 능력

- 물체와 스크린 사이의 거리를 고정해 놓고 전등의 위치만 바꾸어 실험하기
- 전등을 고정하고 물체와 스크린 사이의 거리를 변화시키며 실험하기

교수·학습 과정안(1차시)

활동명	빛과 그림자의 크기
활동주제	빛과 물체와의 거리에 따른 그림자 변화와 크기의 관계 알아보기
학습목표	1. 그림자가 생기는 원리를 이해할 수 있다. 2. 전등과 물체와의 거리에 따른 그림자 크기의 변화를 관찰하고 이해할 수 있다.

활동 1 그림자 크기 변화 실험

| 전등, 물체, 스크린의 위치에 따른 그림자 크기의 관계 이해하기 |

■ 활동 순서

① 스크린과 전등을 고정하고 물체를 움직였을 때 그림자 크기 변화를 이해한다.

② 스크린과 물체를 고정하고 전등을 움직였을 때 그림자 크기 변화를 이해한다.

③ 전등과 물체와의 거리가 가까울수록 그림자는 커지고 거리가 멀어질수록 그림자가 작아지는 관계를 파악한다.

활동 2 앨리스와 그림자 놀이

| 거리에 따른 그림자의 크기의 관계 이해하기 |

■ 활동 순서

① 전등과 물체(앨리스 도안 또는 창작 그림), 스크린, 자를 준비한다.

② 스크린과 전등을 고정하고 앨리스를 움직여서 앨리스 그림자를 커지게 또는 작게 한다.

③ 스크린과 앨리스를 고정하고 전등을 움직여서 앨리스 그림자의 크기를 변화시킨다.

④ 바닥에 놓인 자와 스크린의 눈금을 이용하여 물체와 전등과의 거리와 그림자 크기 관계를 알 수 있다.

■ 이렇게 활동했어요!

 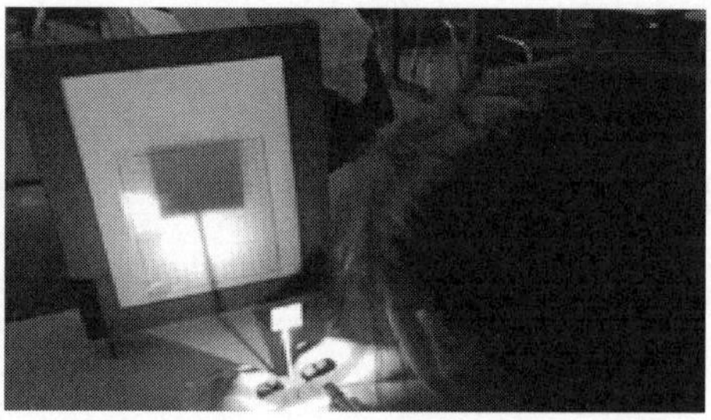

■ 여기서 잠깐!

1. 활동할 때는 주위를 어둡게 하여 그림자 효과가 극대화되도록 한다.
2. 스크린은 구겨지지 않도록 하고 전등은 백색광을 사용하는 것이 좋다. 전등은 백색광인 전구가 1개로 구성된 것을 사용하는 것이 좋다. 전구가 여러 개일 경우 그림자 개수도 여러 개가 되어 크기를 가늠하기 불편하다.
3. 스크린에 격자무늬를 표시하고, 물체의 크기는 스크린에 표시된 한 칸의 크기와 같게 한다.

중학년 (활동 1)

그림자 놀이

그림자는 왜 빛의 반대쪽에 생길까요?

빛이 똑바로 나아가는 현상들에는 어떤 것이 있을까요?

전등과 물체의 거리에 따라 그림자의 크기가 어떻게 변하는지 알아봅시다.

- 전등을 고정하고 물체를 움직이면 그림자의 크기는 어떻게 변하였나요?
- 물체를 고정하고 전등을 움직이면 그림자 크기는 어떻게 변하였나요?
- 물체를 고정하고 전등을 물체 가까이 움직였을 때, 그림자의 크기는 얼마나 커졌는지 스크린에 비친 그림자의 눈금 수를 세어보세요.

교수 · 학습 과정안(2차시)

활동명	팬터그래프로 도형 그리기
활동주제	팬터그래프를 이용하여 도형을 일정비율로 확대하여 그리기
학습목표	1. 팬터그래프의 원리를 이해하고 만들 수 있다. 2. 팬터그래프를 이용하여 도형을 2배, 3배로 확대하여 그릴 수 있다.

활동 1 팬터그래프를 이용하여 도형 확대하기

| 팬터그래프 만들어 도형 확대하여 그리기 |

■ 활동 순서

① 두꺼운 색지를 길이 20cm, 폭 2cm인 직사각형으로 잘라 4개 준비한다.

② 각 직사각형에 펀치로 균등하게 5개의 구멍을 뚫는다.

③ 할핀을 이용하여 연결한다.

■ 이렇게 활동했어요!

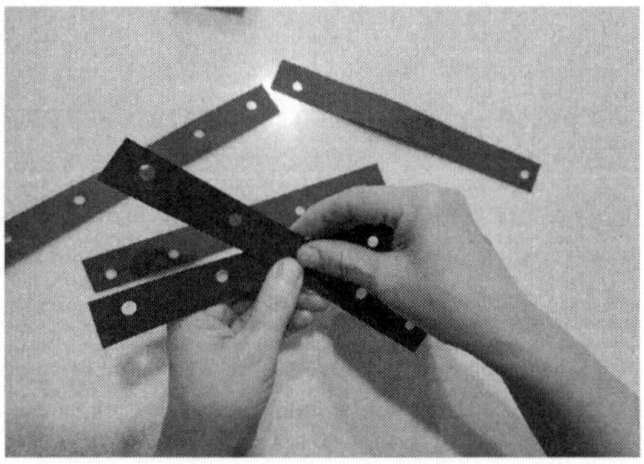

■ 여기서 잠깐!

1. 연필을 꽂는 곳의 구멍을 크지 않게 하면 더 정확한 그림을 그릴 수 있다.
2. 길이를 3배 하기 위해 할핀의 위치를 다르게 하여 그려보도록 한다.

중학년
(활동 1)

늘어난 그림자

도형의 길이를 2배로 그리면 넓이는 얼마나 커질까요? 눈금 수를 세어 비교해봅시다.

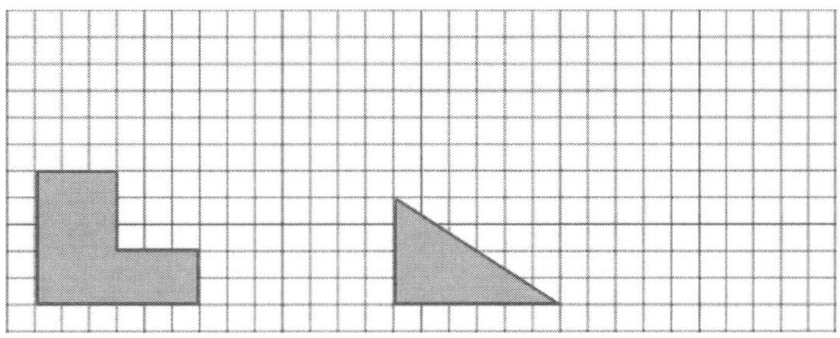

팬터그래프를 만들어 그림을 일정한 비율로 늘리거나 줄여봅시다.

- 팬터그래프를 이용하여 길이를 2배로 하여 도형을 그려요.

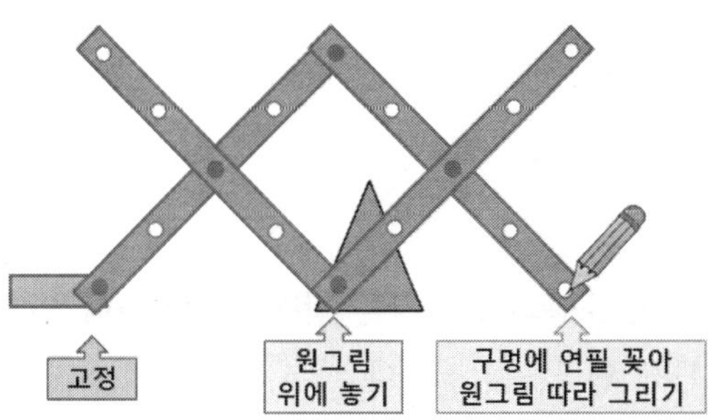

교수·학습 과정안(3, 4차시)

활동명	책상 위의 그림자 연극
활동주제	연극의 줄거리와 등장하는 캐릭터를 만들어 그림자 연극을 하고 감상하기
학습목표	1. 그림자 연극에 필요한 등장인물과 소품을 만들 수 있다. 2. 빛과 물체의 거리를 이용하여 그림자 크기를 변화시켜가며 그림자 연극을 할 수 있다. 3. 그림자 연극을 감상하고 평가할 수 있다.

활동 1 그림자 연극 준비하기

| 그림자 연극을 위한 아이디어 회의 |

■ 활동 순서

① 그림자 크기가 효과적으로 표현될 수 있는 이야기를 꾸며 시나리오 작성한다.

② 연극에 필요한 배경이나 소품을 만든다.

③ 캐릭터 인형을 만든다.

활동 2 그림자 연극 하기

| 그림자 연극 |

■ 활동 순서

① 준비한 캐릭터와 배경, 소품의 그림자를 적절히 활용하여 연극을 한다.

② 다른 친구들의 그림자 연극을 감상한다.

③ 그림자 연극을 통하여 알게 된 점, 부족한 점, 역할을 잘 표현했는지에 대해 이야기 나눈다.

■ 이렇게 활동했어요!

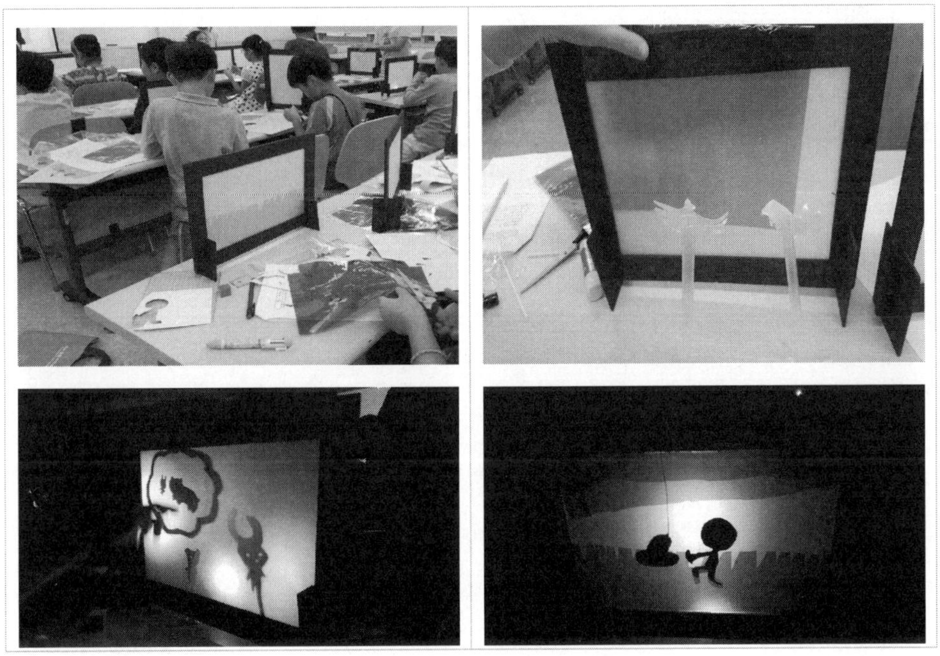

■ 여기서 잠깐!

1. 2인 1조로 하는 연극이므로 등장인물이 단순하고 짧은 것이 효과적이다.
2. 캐릭터의 크기는 스크린에 비치는 그림자의 크기를 고려하여 만든다.

중학년
(활동 2)

그림자 인형극

그림자 연극의 대본을 적어봅시다.

제목:
등장인물이나 캐릭터:
줄거리:

교사용 참고 자료

도서 『이상한 나라의 앨리스』

이 책은 영국에서 태어난 수학자이자 작가인 루이스 캐롤이 1865년에 지은 책으로 7살짜리 여자아이인 앨리스가 흰 토끼를 따라가다 이상한 나라에 도착하여 겪는 모험 이야기가 12장으로 구성되어 있다.

이 책에는 앨리스, 흰 토끼, 쐐기벌레, 하트 여왕, 트럼프 병사 등 다양한 동물들이 나온다. 주인공인 앨리스는 토끼굴에서 이상한 물약을 마시고 몸 크기가 커졌다가 다시 케이크를 먹자마자 몸이 작아진다. 이렇게 몸 크기가 수시로 변하면서 땅속 나라를 여행하는 이야기이다.

〈이미지 출처: http://www.yes24.com/〉

팬터그래프

팬터그래프(pantograph)는 축도기(縮圖器)라고도 한다. 도안의 스케일을 변형하여 복제하는 장치로 그림을 더 크거나 작게 그릴 수 있다.

〈자료출처: EBSMath〉

https://www.ebsmath.co.kr/searchNew?query=%ED%8C%AC%ED%84%B0%EA%B7%B8%EB%9E%98%ED%94%84

빛과 그림자

빛은 공기나 물과 같은 한 물질 안에서 똑바로 나아간다. 구름 사이로 나오는 햇빛이나 동굴 틈으로 비친 빛을 보면 빛이 공기 중에서 곧게 나아간다는 것을 알 수 있다. 곧게 나아가는 빛은 불투명한 물체를 만나면 반사되거나 흡수된다. 그래서 불투명한 물체 뒤에는 빛이 닿지 못한 부분이 생기고 빛이 닿지 못한 부분은 깜깜하게 보이는데 그것이 그림자이다. 그림자는 항상 빛의 반대편에 생긴다. 즉, 빛이 나아가는 길에 불투명한 물체가 놓여 빛이 나아가지 못하면 그림자가 생기는 것이다.

그런데 그림자는 물체에 따라서 검고 뚜렷하게 보이는 그림자도 있고, 엷어서 거의 그림자가 생기지 않은 것처럼 보이는 것도 있다. 어떤 물체는 빛이 통과하기 때문에 그림자가 거의 생기지 않고 물체를 사이에 두고 물체를 통해 다른 사물을 보았을 때 사물이 잘 보이는데, 이러한 물체를 투명한 물체라고 부른다. 반면에, 불투명한 물체는 빛이 통과하지 못하기 때문에 그 물체를 통해 다른 사물을 잘 볼 수 없다. 일반적으로 유리, 물, 투명 비닐은 투명하다고 하고 나무, 종이 천, 플라스틱은 불투명하다고 한다.

한편 빛을 내는 광원인 전등이 물체 가까이에 있으면 물체와 전등과의 거리에 따라 그림자의 크기가 달라진다. 물체와 전등의 거리가 가까울수록 그림자의 크기는 커지고 물체와 전등 사이의 거리가 멀수록 그림자의 크기는 작아진다.

〈자료출처: 에듀넷 티 클리어〉

http://www.edunet.net/nedu/contsvc/viewWkstContPost.do?contents_id=664db244-733d-4836-bd6f-f66e2e6bc11d&head_div=

참고문헌

김선영, 김성혜, 곽영신(2013), 2013 융합인재교육(STEAM) 프로그램: Shadow Dance 만들기, 한국과학창의재단

PART B

초등학교 중학년(3~4학년) 수학·과학 융합 수업

B-1

3D세계 대응나라 픽셀왕 -기초: 언플러그드-

B-2

3D세계 대응나라 픽셀왕 -심화: 소프트웨어 교육-

B-1 중학년(3~4학년군)

3D세계 대응나라 픽셀왕 -기초: 언플러그드-

활동 개요

본 활동은 수화를 음성화하는 '수화 번역 장갑'에서 착안하였다. 수화라는 동작 언어를 컴퓨터 신호로 변환하고 이를 음성언어 체계로 연결하여 표현하는 것에서 수학의 '대응' 개념을 떠올릴 수 있다. 초등학생의 수준을 고려하여 양(量)과 수(數)의 대응, 한글과 알파벳의 대응, 신호연의 기호와 전투 명령의 대응 등 다양한 대응의 사례를 살펴보고, '대응' 개념을 포함하고 있는 정보 기술 사례로 연결하였다. 이로써 학생들은 대상이 주어진 어떤 관계에 따라 서로 짝이 되는 것을 의미하는 '대응' 개념을 수학 외의 여러 분야에서 찾아볼 수 있다. 궁극적으로 본 수업은 다양한 실세계 사례를 통하여 학생들이 기존에 갖고 있던 '대응' 개념을 정교화하고 이를 체화하여 보다 발전되고 확장된 '대응' 개념을 갖도록 하는 것을 목표로 한다. 이 과정에서 학생들은 수학적 개념을 활용하여 하나의 예술 작품을 완성하는 과정을 경험하게 된다. 이는 개성과 창의성을 나타내는 방법으로서의 수학을 새롭게 경험하는 계기가 될 것이다.

첫 번째 활동에서는 다양한 사례 탐색을 통하여 공통되는 개념이 '대응'임을 확인하고 이해를 확장한다. 양과 수, 한글과 알파벳, 이순신 장군의 신호연과 전투 명령, 수화 동작과 음성 등의 사례에서 무엇과 무엇이 연결되는지 살펴보고 탐구한다.

두 번째 활동에서는 '대응' 개념이 담긴 점묘화, 설치 미술 작품 등을 살펴보며 소재, 규칙, 대응 관계를 확인한다. 또한 영화와 게임 사례에서 공간적 대응 개념을 살펴보며 대응의 개념을 확장한다. 이를 바탕으로 자신이 표현하고 싶은 디자인을 그린다.

세 번째 활동에서는 자신이 그린 디자인을 나노블록 작품으로 표현할 수 있도록 나만의 대응 관계를 설정한다. 이후 이 대응 관계를 적용하여 좌표설계도(투명 OHP 필름)에 디자인을 변환하여 표현한다. 완성된 나노블록 설계도를 바탕으로 대응규칙을 통해 나노블록 작품을 제작한다.

마지막으로 완성한 나노블록 작품을 전시하고 좌표설계도를 공유한다. 또한 '대응' 개념을 탐구하고 나노블록 좌표설계도를 만들며 작품을 제작하는 과정을 통해 새롭게 알게된 점, 흥미로운 점, 더 알아보고 싶은 점 등에 대해 이야기를 나눈다. 학급 단위로 수업을 진행할 경우 나노블록 작품 좌표설계도를 수합하여 작품집을 제작할 수 있다.

	차시	주요 활동 내용
활동 내용	1	대응 개념 탐색 및 확장 - 대응 사례 탐색: 양(量)과 수(數), 한글과 알파벳, 이순신 장군의 신호연과 전투 명령 - 기술과 대응 사례: 수화 번역 장갑 - 대응 개념 이해 및 확장
	2	대응 사례 탐구 및 디자인 - 예술 작품 대응 사례 탐구: '그랑드 자트섬의 일요일 오후', 설치 미술 작품 - 영화 대응 사례 탐구: '픽셀' - 게임 대응 사례 탐구: 마인크래프트 - 나노블록 작품 디자인하기
	3	나노블록 좌표설계도 및 작품 제작 - 대응규칙 설정하기 - 완성한 디자인을 바탕으로 나노블록 좌표설계도 만들기 - 대응규칙과 좌표설계도를 활용하여 나노블록 작품 제작하기
	4	나노블록 작품 전시회 - 나노블록 작품 전시하기 - 좌표설계도 공유하기 - 나노블록 작품집 제작하기 - 활동 소감 나누기
준비물	수업 PPT, 활동지, 색연필, 좌표설계도(OHP 필름), 네임펜, 나노블록 베이스(블록판), 나노블록(기본 12색), 블록 수납통(칸막이), 나노블록 리무버	

규칙에 대한 개념은 수학과 교육과정 3~4학년군 중 4학년 '규칙 찾기' 단원에서 다루며, 대응에 대한 개념은 수학과 교육과정 5~6학년군 중 5학년 '규칙과 대응' 단원에서 다룬다. 본 수업은 교육과정에서 제시된 성취기준인 '다양한 변화 규칙을 찾아 설명하고, 그 규칙을 수나 식으로 나타낼 수 있다.'와 '한 양

이 변할 때 다른 양이 그에 종속하여 변하는 대응 관계를 나타낸 표에서 규칙을 찾아 설명하고, □, △ 등을 사용하여 식으로 나타낼 수 있다.'를 바탕으로 학생들이 대응 개념에 대한 본질적인 이해를 확장해 나갈 수 있도록 수업 설계를 하였다. 구체적 조작이 포함된 언플러그드 활동을 통해 대응에 대한 개념을 체화하고 소프트웨어 교육 활동의 초석을 놓을 수 있다.

- 본 수업에서 활용하는 나노블럭은 정육면체의 형태를 띠고 있다. 따라서 사각형을 포함한 다각형, 정육면체와 직육면체 등의 개념을 포함하여 수업을 재구성할 수 있다. 또한 5~6학년군 수학 활동으로 계획할 경우 원기둥 형태의 나노블럭, 직육면체 형태의 나노블럭 등 다양한 입체도형을 활용하여 학생들의 개념 확장과 아이디어 구상을 촉진할 수 있다.

융합적 요소 및 교육과정과의 연계성

수학	과학	미술
▶ 해당 학년군 : 3-4학년군 5-6학년군 - 4학년 1학기 규칙 찾기 - 4학년 2학기 사각형, 다각형 - 5학년 1학기 규칙과 대응 - 5학년 2학기 직육면체 - 6학년 2학기 원기둥, 원뿔, 구	▶ 해당 학년군 : 3-4학년군 - 3학년 1학기 물질의 성질 - 3학년 2학기 재미있는 나의 탐구 - 4학년 1학기 과학자처럼 탐구해 볼까요?	▶ 해당 학년군 : 3-4학년군 5-6학년군 - 체험 해당 단원 - 표현 해당 단원 - 감상 해당 단원 *미술 교과서의 경우 검·인정 교과서이므로 영역으로 표기함
• 성취 기준 [4수02-10] 여러 가지 모양의 사각형에 대한 분류 활동을 통하여 직사각형, 정사각형, 사다리꼴, 평행사변형, 마름모를 알고, 그 성질을 이해한다. [4수02-11] 다각형과 정다각형의 의미를 안다. [4수02-12] 주어진 도형을 이용하여 여러 가지 모양을 만들거나 채울 수 있다. [4수04-01] 다양한 변화 규칙을 찾아 설명하고, 그 규칙을 수나 식으로 나타낼 수 있다. [4수04-02] 규칙적인 계산식의 배열에서 계산 결과의 규칙을 찾고, 계산 결과를 추측할 수 있다. [6수02-04] 직육면체와 정육면체를 알고, 구성 요소와 성질을 이해한다. [6수02-08] 원기둥을 알고, 구성 요소, 성질, 전개도를 이해한다. [6수04-01] 한 양이 변할 때 다른 양이 그에 종속하여 변하는 대응 관계를 나타낸 표에서 규칙을 찾아 설명하고, □, △ 등을 사용하여 식으로 나타낼 수 있다.	• 성취 기준 [4과01-01] 서로 다른 물질로 만들어진 물체들을 비교하여 물체의 기능과 물질의 성질을 관련지을 수 있다. [4과01-04] 여러 가지 물질을 선택하여 다양한 물체를 설계하고 장단점을 토의할 수 있다.	• 성취 기준 [4미01-03] 생활 속에서 다양하게 활용되고 있는 미술을 발견할 수 있다. [4미01-04] 미술을 자신의 생활과 관련지을 수 있다. [4미02-02] 주제를 자유롭게 떠올릴 수 있다. [4미02-04] 표현 방법과 과정에 관심을 가지고 계획할 수 있다. [4미02-05] 조형 요소(점, 선, 면, 형·형태, 색, 질감, 양감 등)의 특징을 탐색하고, 표현 의도에 적합하게 적용할 수 있다. [4미03-03] 미술 작품에 대한 자신의 느낌과 생각을 발표하고, 그 이유를 설명할 수 있다. [6미01-02] 대상이나 현상에서 시각적 특징을 발견할 수 있다. [6미01-04] 이미지를 활용하여 자신의 느낌과 생각을 전달할 수 있다. [6미01-05] 미술 활동에 타 교과의 내용, 방법 등을 활용할 수 있다. [6미02-03] 다양한 자료를 활용하여 아이디어와 관련된 표현 내용을 구체화할 수 있다.

수학		과학		미술
• 융합적 요소 **수학적 추론 능력** - 예술 작품에서 대응 개념 추론 - 정보화 기술 사례에서 대응 개념 추론 **개념 및 원리의 이해** - 연결 사례를 통한 대응 개념 및 원리 이해 **문제해결 및 의사소통** - 디자인을 대응 개념을 적용하여 좌표설계도로 변환하기 - 산출물 공유 및 의견 나누기	+	• 융합적 요소 **기본 개념 이해** - 설계 개념 이해 **현상에 대한 관심** - 생활 주변에서 대응 개념이 적용된 물체 찾기 **과학적 탐구 능력** - 산출물 설계와 실행을 통한 개념 적용 - 원리를 적용한 구체물 제작 및 결과 토의	+	• 융합적 요소 **체험** - 주변의 생활 용품, 생활공간, 영상물 등을 조사하고 의견을 나누며 미술이 삶과 밀접하게 관련되어 있음을 이해하기 **표현** - 자신의 아이디어와 관련된 정보 수집 및 표현 내용 구체화하기 - 표현 방법에 따른 표현 과정과 유의점 이해하기 **감상** - 자신의 생각과 느낌 발표하기

교수·학습 과정안(1차시)

활동명	대응 개념 탐색 및 확장
활동주제	다양한 사례 탐색을 통하여 공통 개념인 '대응'을 확인하고 개념에 대한 이해 확장하기
학습목표	다양한 실세계 사례 탐색을 통하여 공통 개념인 '대응'을 확인하고, 개념에 대한 이해를 확장하여 개념을 설명할 수 있다.

활동 1 무엇과 무엇

| 대응 사례 탐색하기 |

■ 활동 순서

① 양(量)과 수(數) 사례 탐색

② 한글과 알파벳 사례 탐색

③ 이순신 장군의 신호연과 전투 명령 탐색

④ 수화 번역 장갑 사례 탐색

■ 이렇게 활동했어요! (수업 PPT 예)

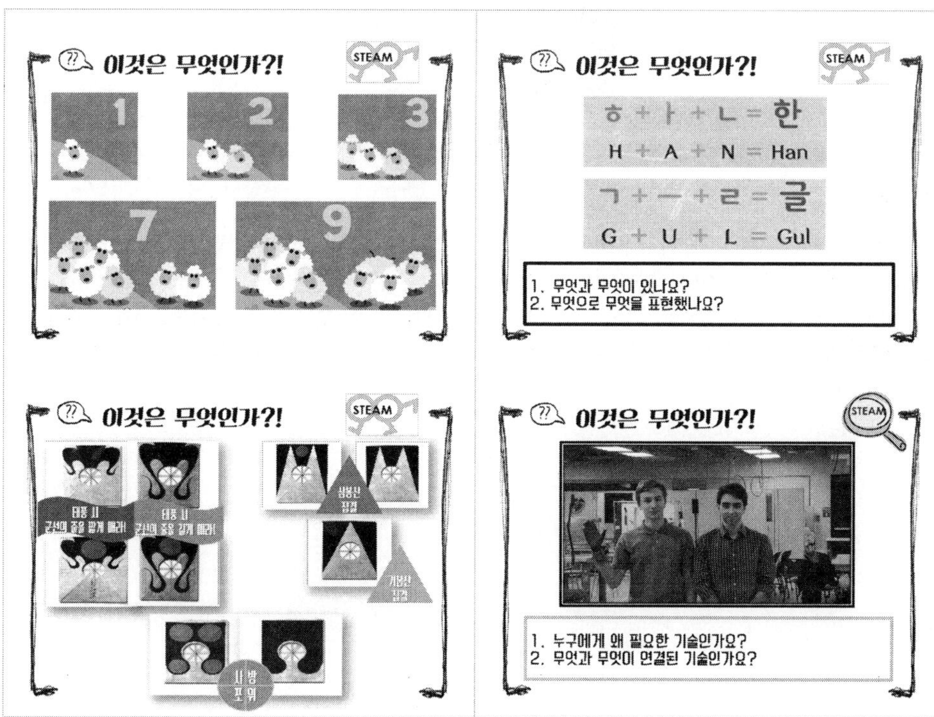

■ 여기서 잠깐!

1. 사례 탐색 시 교사가 처음부터 '대응' 개념에 대해 언급하지 않는다. 학생들이 사례를 탐색하는 과정에서 공통된 개념을 발견할 수 있도록 발문한다.
2. 사례를 제시할 때 스토리텔링을 통해 학생들이 흥미롭게 사례에 접근할 수 있도록 유도한다.

활동 2 대응 개념 이해

| 연결과 대응 개념 이해하기 |

■ 활동 순서

① 사례 탐색을 통해 공통점이 '연결'임을 발견하기

② 대응 개념 이해하기

■ 이렇게 활동했어요!

■ 여기서 잠깐!

1. '대응'에 대한 개념을 학습하지 않은 학년에서 본 수업 내용을 지도할 경우 '짝지음'과 같이 학생들이 쉽게 이해할 수 있는 용어를 활용하여 설명한다.
2. '대응'에 대한 개념적 정의를 설명한 후 출석 번호, 아파트 동·호수의 개념 등 학생들이 실생활에서 쉽게 이해할 수 있는 사례를 부가적으로 설명함으로써 대응에 대한 이해를 확장할 수 있게 한다.

중학년
(활동1~2)

무엇과 무엇!

다음 예를 살펴봅시다.

A	B
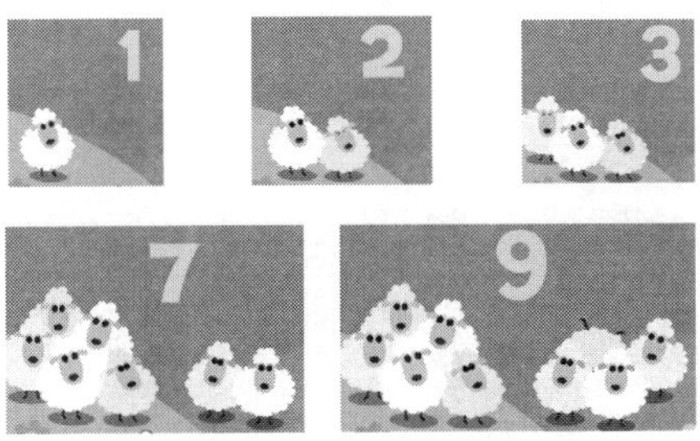	H + A + N = Han ㅎ + ㅏ + ㄴ = 한 G + U + L = Gul ㄱ + ㅡ + ㄹ = 글

1) 그림에 나타난 것을 이야기해 봅시다.

A. ______ 과(와) ______

B. ______ 과(와) ______

2) 무엇으로 무엇을 표현했나요?

A. ______ (으)로 ______ 을 표현했다.

B. ______ (으)로 ______ 을 표현했다.

A	B	C
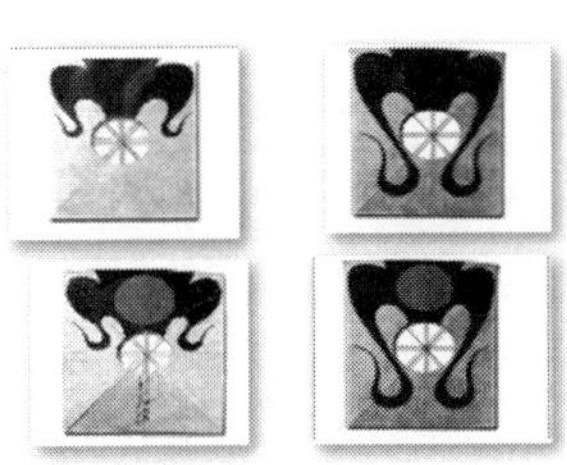	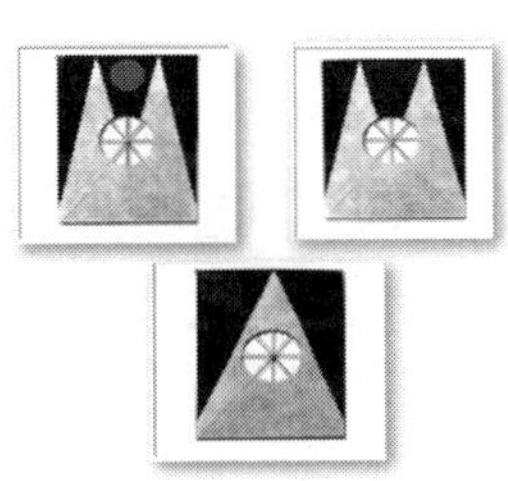	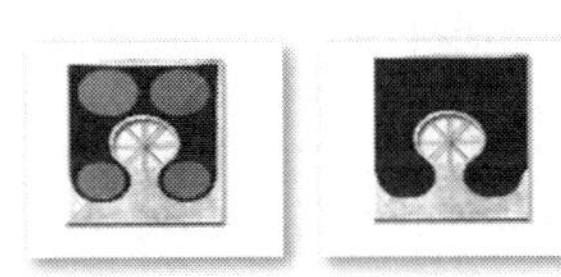

3) 무슨 약속일까요? 공통점과 차이점을 비교하며 추리해 봅시다.

① A에만 있는 것: ______

② B에만 있는 것: ______

③ C에만 있는 것: ______

④ A, B, C 모두에서 나타나는 것: ______

4) 신호연은 무엇과 무엇을 연결하여 명령을 내리나요?

____

____

다음 예를 살펴봅시다.

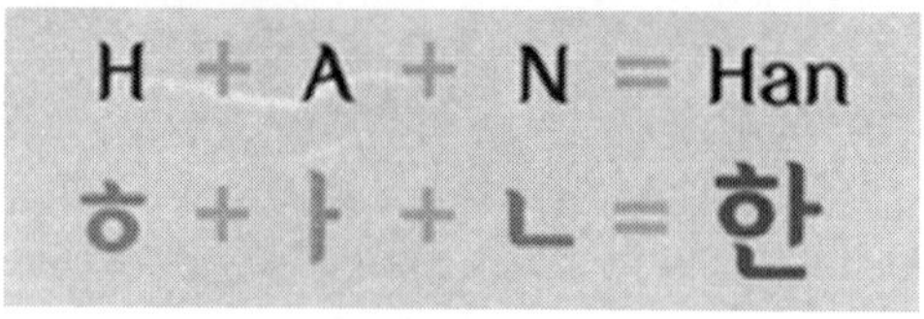

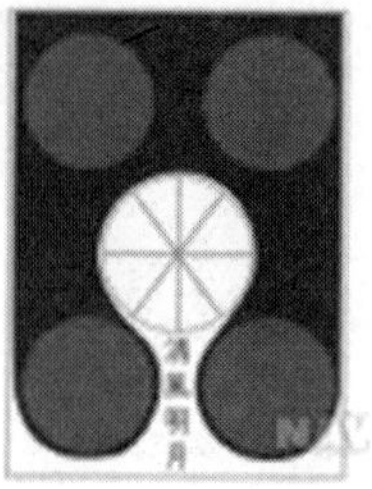

1) 지금까지 살펴본 것들의 공통점을 적어봅시다.

____

____

2) 우리가 알아볼 개념은 무엇인가요?

□□: ____________________________________

교수·학습 과정안(2차시)

활동명	대응 사례 탐구 및 디자인
활동주제	예술 작품, 영화, 게임 등 다양한 사례 탐구 및 나노블록 작품 디자인하기
학습목표	대응 개념이 적용된 다양한 실생활 사례(예술 작품, 영화, 게임 등)를 탐구하며 나노블록 작품을 디자인할 수 있다.

활동 1 무엇과 무엇의 '대응'

| 대응 사례 탐구하기 |

- 활동 순서
  ① 예술 작품에서의 대응 사례 탐구: 점묘화(쇠라 作, 그랑드 자트섬의 일요일 오후), 설치 미술 작품
  ② 영화에서의 대응 사례 탐구: 영화 픽셀(2015)
  ③ 게임에서의 대응 사례 탐구: 마인크래프트
  ④ 십자수 도안 탐구

- 이렇게 활동했어요! (수업 PPT 예)

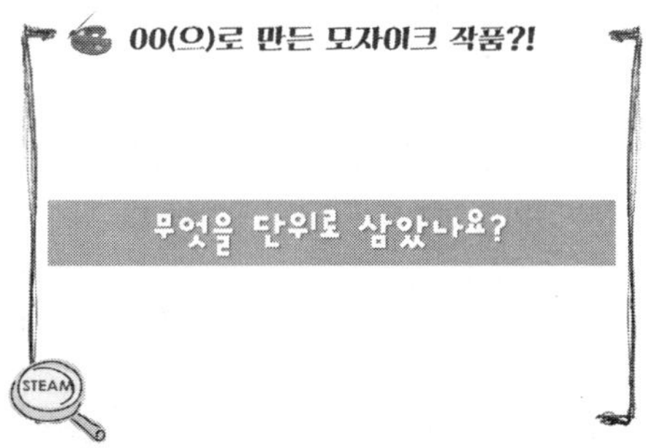

■ 여기서 잠깐!

1. 2차시에서는 학생이 주도적으로 사례를 탐구할 수 있도록 유도한다.
2. 영재 교육에서 본 수업을 활용할 경우 컴퓨터 그래픽에 대한 자료를 제공하여 탐구를 심화할 수 있다.

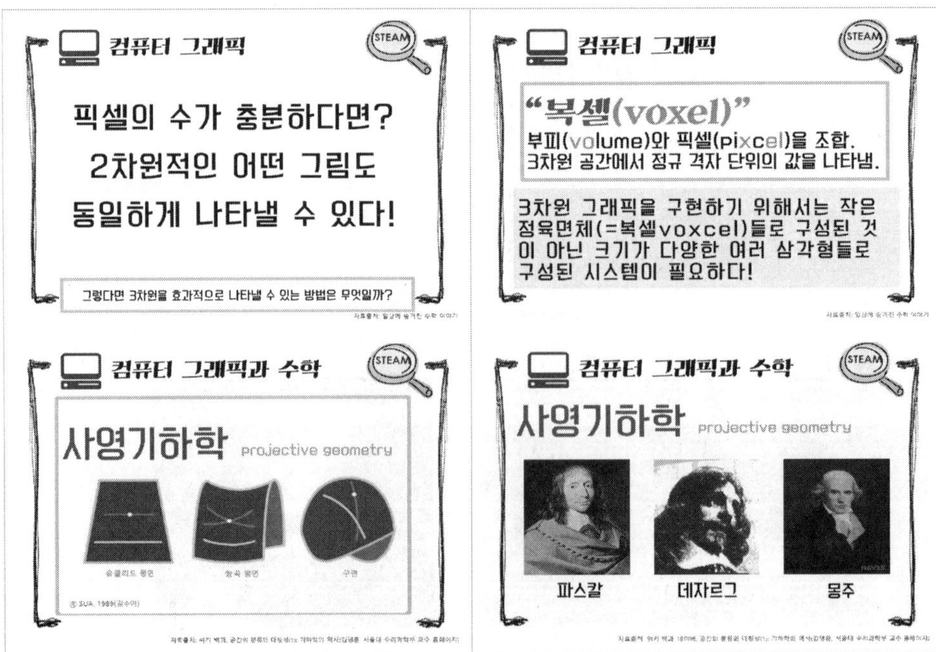

중학년 (활동 1)

무엇과 무엇의 '대응'

다음 예를 탐구해 봅시다.

1) 작품을 어떤 방법으로 표현하였나요?

2) 무엇과 무엇을 대응시켰나요?

영화「픽셀」

게임「마인크래프트」

3) 영화『픽셀』과 게임『마인크래프트』는 어떤 방법으로 세상이 만들어져 있나요?

____

____

4) 두 가지 예를 ~과 ~의 대응으로 설명해 봅시다.

____

____

활동 2 나노블록 작품 디자인

| 나노블록 작품으로 만들 디자인 그리기 |

■ 활동 순서

① 디자인 유의점 설명 듣기

② 나노블록 작품으로 만들 디자인 그리기

■ 이렇게 활동했어요! (3~6학년 학생 작품)

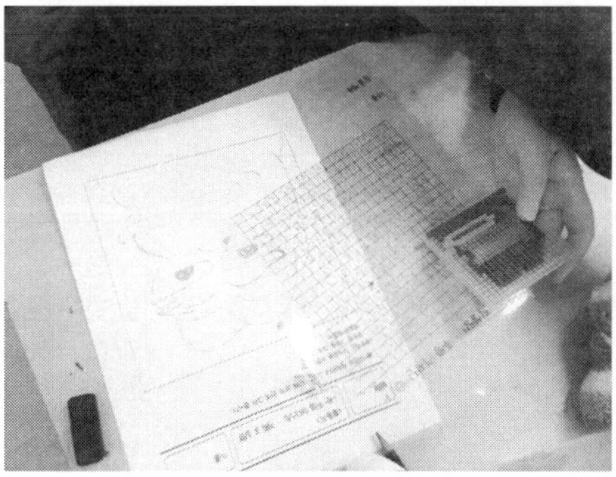

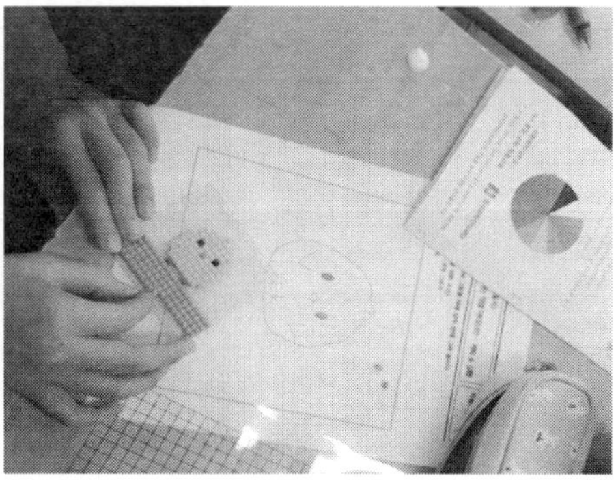

■ 여기서 잠깐!

1. 학생이 그린 디자인을 바탕으로 좌표설계도(OHP 필름 인쇄)를 제작하게 된다. 이후 설계도에 따라 20X20 나노블록 베이스에 작품을 만들게 되는데, 나노블록이기 때문에 산출물의 크기가 작다. 따라서 학생들이 활동지에 꽉 차게 디자인을 할 수 있도록 설명한다.
2. 디자인을 그릴 때 채색은 하지 않아도 된다.

중학년
(활동 2)

나는 픽셀 아티스트!

나만의 캐릭터나 그림을 아래 상자 안에 그려봅시다.

〈성공적인 디자인을 위한 조건〉

- 단순한 그림을 <u>크게</u> 그리기!
- 색칠은 꼼꼼히!

교수·학습 과정안(3차시)

활동명	나는 픽셀왕!
활동주제	나노블록 좌표설계도 및 작품 제작하기
학습목표	1. 디자인을 바탕으로 나노블록 좌표설계도를 만들 수 있다. 2. 좌표설계도에 따라 나노블록 작품을 제작할 수 있다.

활동 1 좌표설계도 만들기

| 내가 그린 디자인을 바탕으로 나노블록 좌표설계도 만들기 |

■ 활동 순서

① 나만의 대응규칙 설정하기

② 완성한 디자인 활동지 위에 좌표설계도 활동지(OHP 필름 인쇄)를 올리고 네임펜으로 대응규칙 나타내기

■ 이렇게 활동했어요! (3~6학년 학생 작품)

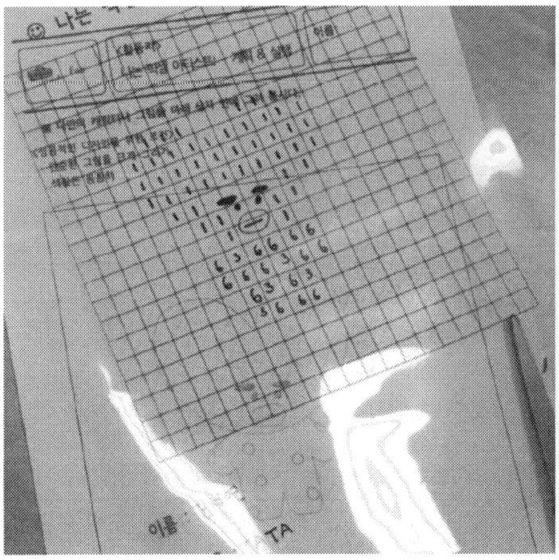

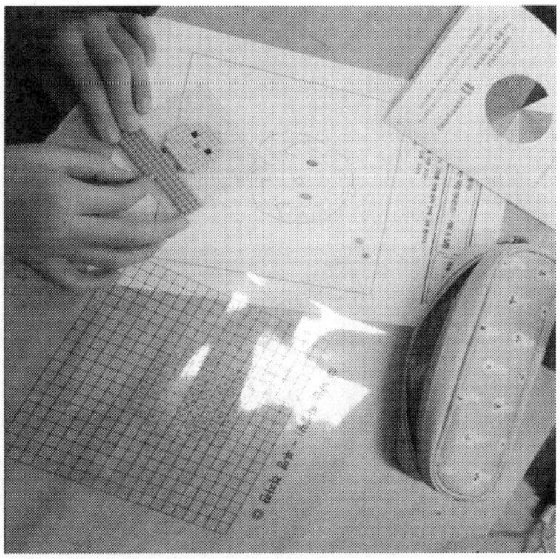

■ 여기서 잠깐!

1. 학생 스스로 12가지 색에 대한 대응규칙을 만들고 그 규칙에 따라 좌표설계도에 표시하게 한다. 학생들이 '좌표설계도'라는 용어에 어려움을 느낀다면 '투명격자판' 등의 용어를 사용해도 무방하다.
2. 좌표설계도에 표시할 때 곡선 형태 디자인의 경우 한 칸의 ½이 넘으면 색을 채우고 안 넘으면 빈칸으로 두게 한다.
3. 좌표설계도로 나타날 때 설계도를 수정해도 된다.

중학년 (활동 1)

나는 픽셀왕! - 좌표설계도

네임펜으로 좌표설계도 위에 대응규칙을 나타내봅시다.

1) 디자인하기

2) 12색과 ? 의 대응규칙 만들기
   - ? 는 마음대로 정하기
   - 좌표설계도에 나타내기 쉽도록 단순하게 정하기

3) 좌표설계도를 올리고 대응규칙에 따라 기록하기
   - 한 칸의 ½ 넘으면 표시하기, 안 넘으면 빈칸으로 놓기

4) 색상표에 대응규칙을 적어봅시다.

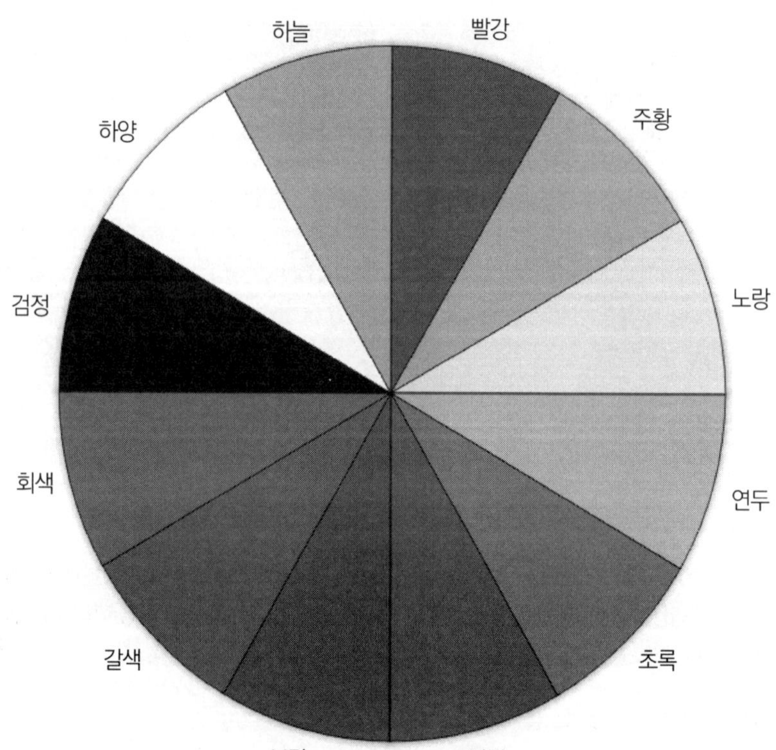

나는 픽셀왕! - 좌표설계도

	A	B	C	D	E	F	G	H	I	J	K	L	M	N	O	P	Q	R	S	T
1																				
2																				
3																				
4																				
5																				
6																				
7																				
8																				
9																				
10																				
11																				
12																				
13																				
14																				
15																				
16																				
17																				
18																				
19																				
20																				

이름 :

작품 제목 :

활동 2 나노블록 작품 만들기

| 좌표설계도를 바탕으로 나노블록 작품 만들기 |

■ 활동 순서

① 좌표설계도를 보고 나노블록 베이스(20X20)에 해당하는 나노블록 꽂기

② 완성한 나노블록 작품과 설계도 비교하기

■ 이렇게 활동했어요! (3~6학년 학생 작품)

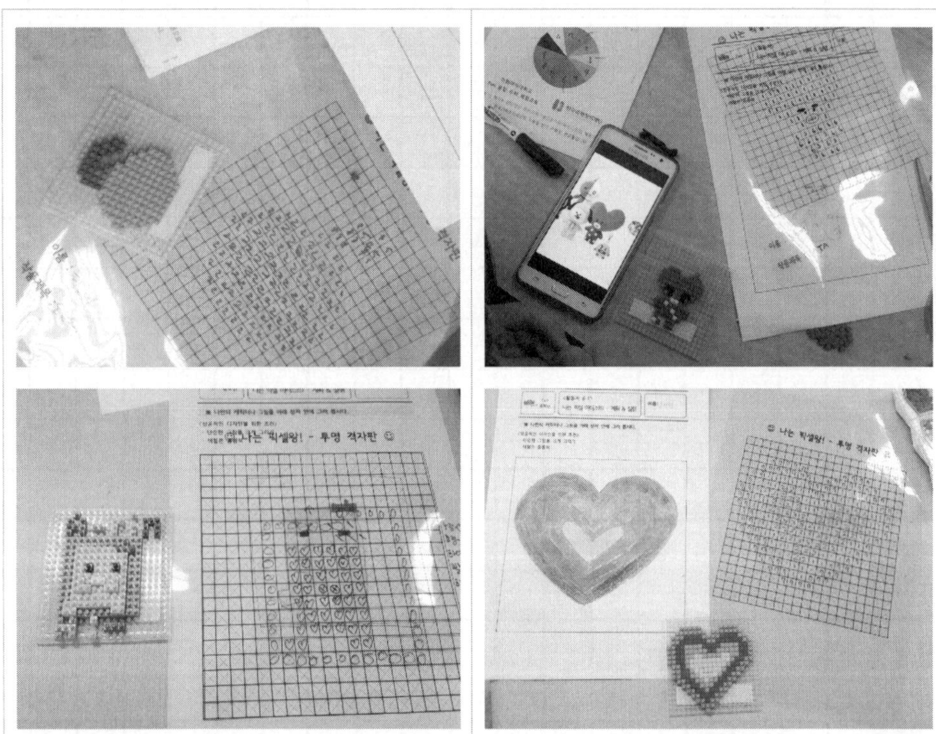

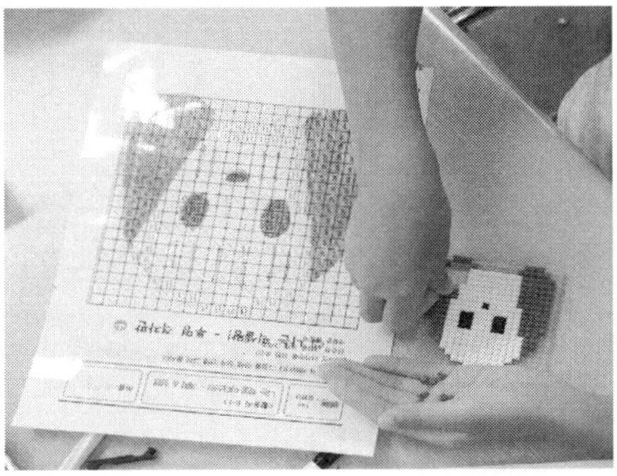
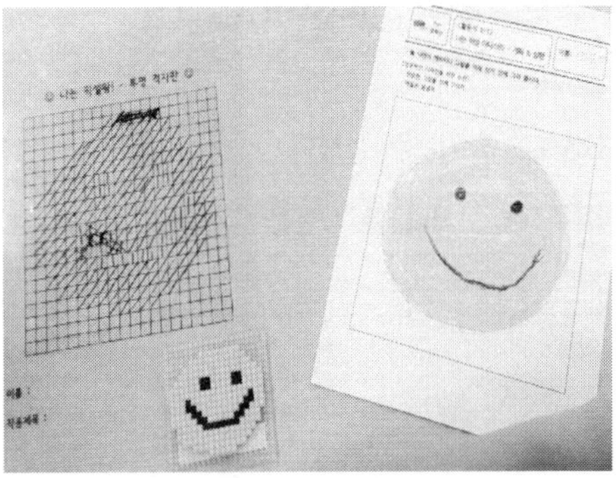

■ 여기서 잠깐!

1. 나노블록 작품을 만드는 과정에서 설계도를 수정할 수 있다.
2. 나노블록으로 위험한 장난(던지기, 먹기 등)을 하지 않도록 안전 교육 후 작품 활동을 시작한다.
3. 학생이 나노블록 작품을 3차원으로 만드는 것을 희망할 경우 허용한다. 이때, 설계도에 어떻게 나타내면 좋을지 생각해보게 한다.

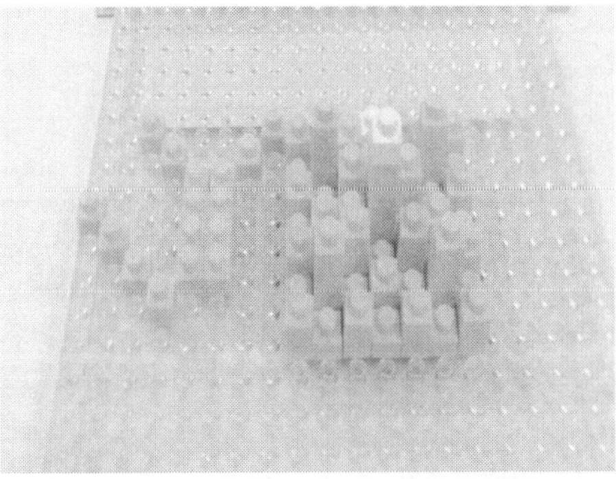
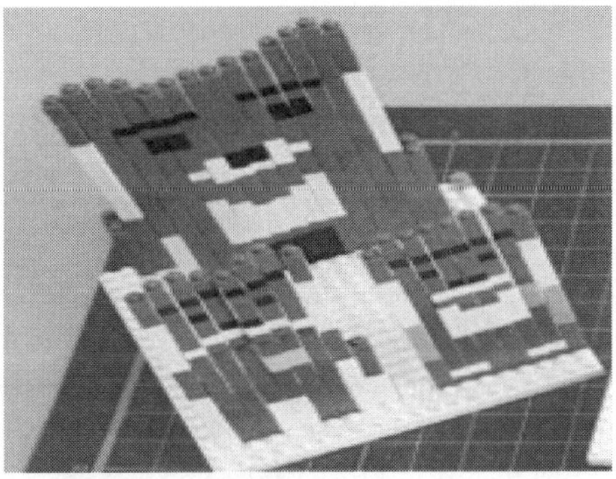
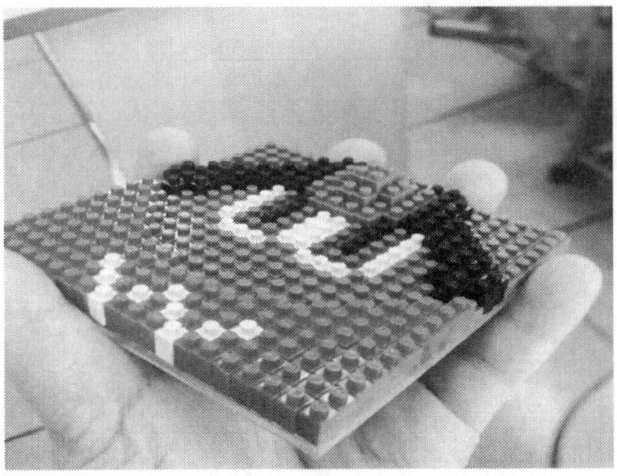

교수·학습 과정안(4차시)

활동명	픽셀왕 전시회
활동주제	나노블록 작품을 감상하고 소감 나누기
학습목표	나노블록 작품을 감상하고 소감을 나눌 수 있다.

활동 1 나노블록 작품 전시회

| 나노블록 작품 전시하기 |

■ 활동 순서

① 나노블록 작품 전시하기

② 나노블록 작품 감상하기

③ 다른 사람의 나노블록 작품을 살펴보며 좌표설계도 공유하기(나노블록 작품집 제작하기)

④ 활동 소감 나누기

■ 이렇게 활동했어요! (5~6학년 학생 작품)

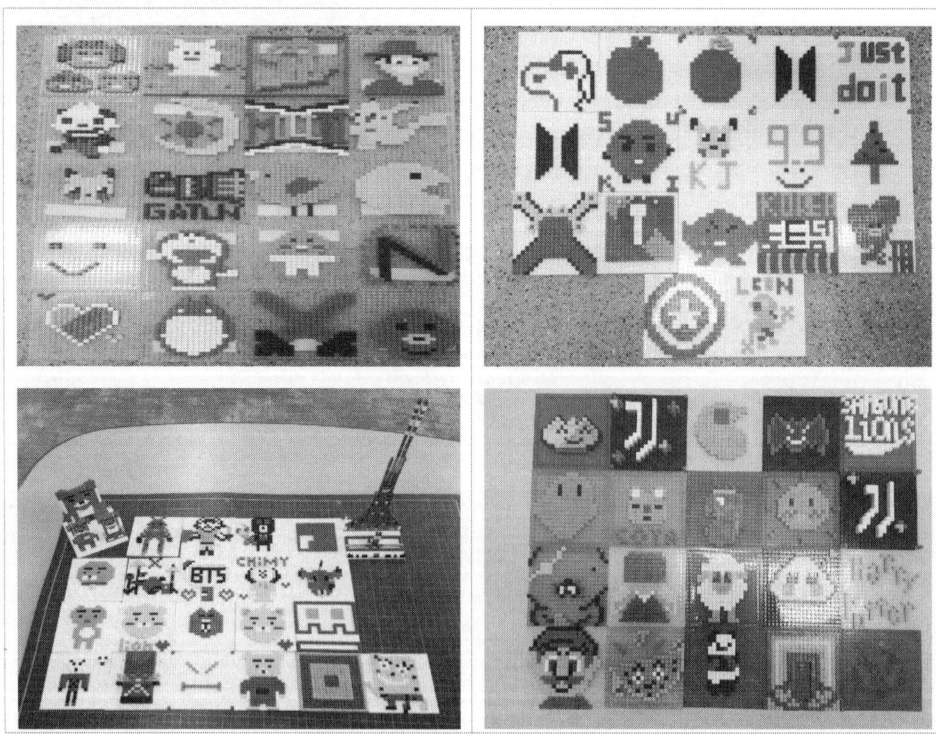

■ 여기서 잠깐!

1. 학생들의 좌표설계도를 수합하여 나노블록 작품집을 제작할 수 있다.
2. 본 수업과 소프트웨어 교육을 연계하여 활동할 때 학생들이 제작한 좌표설계도를 활용하면 유용하다.

교사용 참고 자료

도서『일상에 숨겨진 수학 이야기』

이 책은 다양한 실생활 사례와 수학을 접목하여 소개하고 있다. 본 수업과 관련된 내용뿐만이 아니라 생활 속 다양한 수학 이야기를 풀어내고 있어 수업 아이디어 구상에 매우 유용하다. 또한, 수업 주제와 관련된 학생 동기유발 자료를 준비하는 데 많은 도움이 된다.

본 수업과 관련된 부분은 '컴퓨터(연대기) - 네이피어의 막대에서 튜링의 범용 기계까지' 내용이다.

픽셀아트

본 수업과 관련하여 미술 교과 등에서 '픽셀아트'를 체험할 수 있다. 초등교사 커뮤니티에 다양한 픽셀아트 도안이 소개 및 공유되고 있는데, 본 수업을 하기 전에 픽셀아트를 경험해본 뒤 수업을 진행하면 훨씬 더 수월하게 활동을 전개할 수 있을 것이다. 그리고 본 수업이 끝난 뒤 학생이 직접 정한 대응규칙이 나타난 좌표설계도를 공유하여 픽셀아트를 실행할 수 있다. 다른 친구가 만든 좌표설계도를 바탕으로 픽셀아트 활동을 했을 때 학생들의 참여도와 수업 만족도가 높다. 예시 자료는 아래와 같다.

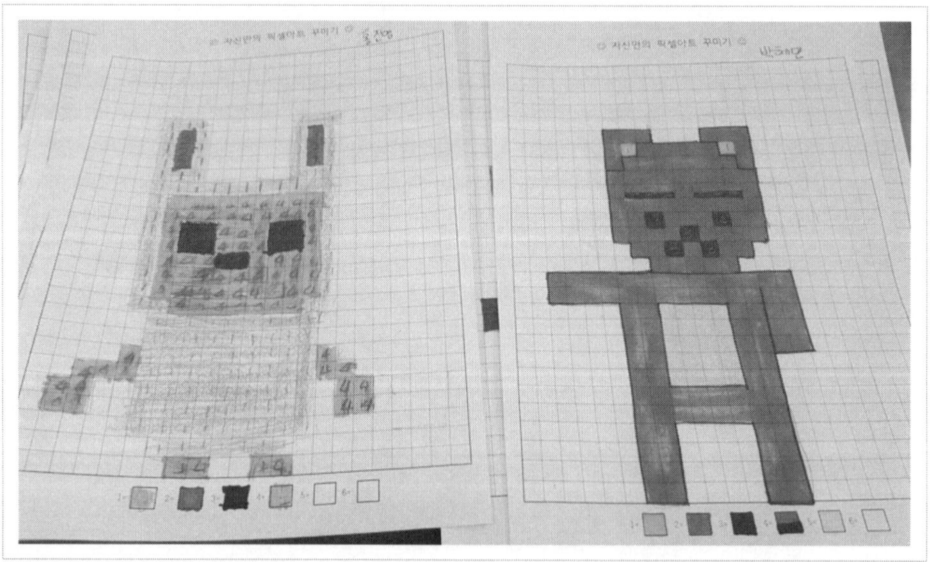

나노블록

나노블록은 일반 블록보다 크기가 매우 작다. 크기가 작아 일반 블록보다 상대적으로 구체적 조작이 어려울 수 있지만 다양한 작품 활동을 실행하는 데에는 유용하다. 따라서 초등학교 중학년부터 활용하는 것을 권장한다. 또한 나노블럭 베이스의 경우 10X10, 20X20 등 여러 크기의 베이스가 판매되고 있으며, 나노블록 벌크 역시 1X1, 1X2, 사각 형태, 원 형태 등 다양한 크기와 형태로 판매되고 있다. 본 수업에서는 20X20 크기의 나노블럭 베이스와 1X1 사각 형태의 나노블록 벌크(12색: 빨강, 주황, 노랑, 연두, 초록, 파랑, 보라, 갈색, 회색, 검정, 하양)를 사용했다. 학생 연령과 수업 주제에 따라 다양한 크기와 형태의 나노블록을 활용할 수 있다.

나노블록 구매 관련 정보는 다음과 같다. 구입처, 종류 등에 따라 가격과 규격 등에 차이가 있을 수 있다.

순번	품명	가격	구입처	비고
1	나노블록	1봉지 약 100개, 670원 모둠당 12색 1세트 8040원	'나노블록 부품 벌크' 검색하여 구입	구입색상: 빨강, 주황, 노랑, 연두, 초록, 파랑, 보라, 갈색, 회색, 검정, 하양
2	나노블록판	인당 1개, 개당 1470원		
3	나노블록 리무버	인당 1개, 개당 1000원	'나노블록 리무버' 검색하여 구입	모둠별로 1~2개만 구비해도 됨
4	블록수납통	모둠별 1개, 개당 1000원	다이소 '6분할 섹션케이스'	상세 옵션: C형 멀티케이스 2단 16칸

참고 영상 및 사진 사이트 주소

1. 숫자와 대응 관련 영상 (https://www.youtube.com/watch?v=IqeIMGmpBoE)
2. 문자와 대응 관련 사진 (http://pds22.egloos.com/pds/201102/03/84/a0100284_4d4a597659129.jpg)
3. 신호연 사진 (http://www.culturecontent.com/content/contentView.do?content_id=cp050500090001)
4. 대응을 사용한 기술 관련 영상 (https://www.youtube.com/watch?v=I01sdzJHCCM&t=5s)
5. 십자수 도안 (http://mblogthumb3.phinf.naver.net/20151115_74/hanna_an4_1447590380667FkrcS_PNG/%C7%EF5.PNG?type=w2)
6. 영화 '픽셀' 편집 영상 (https://youtu.be/ugV6cLgwomo)
7. 게임 '마인크래프트' 활용 네모의 꿈 뮤직비디오 영상 (https://www.youtube.com/watch?v=YZ8ACEtnnhl)

참고문헌

콜린 베버리지(장정문 옮김)(2017). 일상에 숨겨진 수학 이야기. 소우주.

B-2 중·고학년(3~6학년군)

3D세계 대응나라 픽셀왕 -심화: 소프트웨어 교육-

활동 개요

본 활동은 앞서 소개된 '3D세계 대응나라 픽셀왕'의 심화편으로 소프트웨어 교육과 연계된다. 따라서 앞의 기초편(언플러그드)을 진행한 뒤 실행하면 연계성 측면에서 더욱 효과적일 것이다.

본 활동에서는 학생들이 그린 디자인, 좌표설계도, 나노블록 작품을 토대로 다양한 소프트웨어를 적용하여 산출물을 제작하게 된다. 학교 및 학급 상황에 따라 정보화기기 보유 여부와 사양에 차이가 있기 때문에 보편적인 내용을 소개하고자 한다. 아래 제시되는 활동 중 학교, 학급, 학생 상황에 적합한 방법을 선택으로 활용하면 좋을 것이다.

첫 번째 활동에서는 '한글' 프로그램을 활용하여 나만의 픽셀아트 도안을 만든다. 한글 프로그램은 우리나라에서 가장 보편적인 문서 작업 프로그램이며 초등학생에게도 가장 친숙하다. 학생들이 기초편(언플러그드)에서 완성한 좌표설계도를 바탕으로 한글에서 작업을 하면 되는데, 학생 수준에 따라 도안표를 제공할 수 있다. 이를 통해 타인과 공유할 수 있는 가장 기초적인 형태의 좌표설계도 제작을 경험한다.

두 번째 활동에서는 '엑셀' 프로그램을 활용하여 나만의 픽셀아트 도안을 만든다. '엑셀' 프로그램은 조건부 서식 기능을 활용할 수 있어 '규칙과 대응' 개념을 프로그램을 통해 가시적으로 구체화하여 확인할 수 있다.

세 번째 활동에서는 구글 '스프레드시트'를 활용하여 나만의 픽셀아트 도안을 만든다. 기본적인 원리는 엑셀과 유사하지만, '웹 형태'라는 점과 '공동 작업'이 가능하다는 점에서 차이가 있다. 따라서 공동으로 수정 및 보완을 할 수 있으며 협력 학습이나 심화 학습 활동으로 재구성이 용이하다.

마지막으로 3D프린팅 관련 소프트웨어를 활용할 수 있다. 'Autodesk 123D Design'을 활용하여 3D모델링을 하고 디자인을 공유한다. 3D모델링 프로그램은 3차원으로 설계를 할 수 있어 실제성과 복잡성이 모두 높다. 만약 3D프린터가 구비되어 있다면 모델링한 것을 출력하여 전시회를 연다.

	차시	주요 활동 내용
활동 내용	1	픽셀아트 도안 제작하기: '한글' 프로그램 - 나노블록 좌표설계도에서 대응규칙 확인하기 - 한글 프로그램을 실행하여 픽셀아트 도안 제작하기
	2	픽셀아트 도안 제작하기: '엑셀' 프로그램 - 나노블록 좌표설계도에서 대응규칙 확인하기 - 엑셀 프로그램 '조건부 서식' 기능의 원리 이해 및 체험하기 - 픽셀아트 도안 제작하기
	3	픽셀아트 도안 제작하기: 구글 '스프레드시트' - 나노블록 좌표설계도에서 대응규칙 확인하기 - 스프레드시트 '조건부 서식 규칙' 기능의 원리 이해 및 체험하기 - 픽셀아트 도안 제작하기
	4	픽셀아트 도안 제작하기: '123D Design' 프로그램 - 디자인 구상하고 그리기 - '123D Design' 프로그램 기능 체화하기 - 도안 제작하기 - (선택)3D프린터로 출력하기
준비물	수업 PPT, 나노블록 좌표설계도 및 작품, 소프트웨어 프로그램(한글, 엑셀, 123D Design), 구글 스프레드시트, 3D프린터	

- 앞서 제시된 기초편(언플러그드)에서는 구체적 조작 활동을 통해 규칙과 대응에 대한 개념을 체화하였다. 이를 토대로 본 수업에서는 다양한 소프트웨어 프로그램과 공유 웹, 3D프린터 등을 활용하여 규칙과 대응 개념을 정보화기기 및 프로그램 기능에 적용한다. 따라서 STEAM의 모든 요소를 경험할 수 있으며, 재구성을 통해 장기간의 수업 계획을 세워 교육 활동을 진행할 수 있다. 더불어 메이커교육과 연계가 가능하다.
- 본 수업에서 활용하는 한글, 엑셀 프로그램은 학생들이 보편적으로 접할 수 있는 프로그램이다. 학교 현장에서 수업이 이루어진다면 컴퓨터, 스마트 패드를 활용하여 활동을 원활하게 진행할 수 있다. 온라인 수업 상황일 경우에는 웹에서 편리하게 사용할 수 있는 구글 '스프레드시트' 활용을 추천한다.
- 본 수업에서 소개하는 3D모델링 프로그램은 무료로 다운로드하여 사용할 수 있다. 네 번째로 소개하는 활동의 경우 학교, 학급, 학생 상황에 따라 재구성하여 실행하면 좋을 것이다.

융합적 요소 및 교육과정과의 연계성

수학	과학	실과
▶ 해당 학년군 : 3-4학년군 5-6학년군 - 4학년 1학기 규칙 찾기 - 4학년 2학기 사각형, 다각형 - 5학년 1학기 규칙과 대응 - 5학년 2학기 직육면체 - 6학년 2학기 원기둥, 원뿔, 구	▶ 해당 학년군 : 3-4학년군 - 3학년 1학기 물질의 성질 - 3학년 2학기 재미있는 나의 탐구 - 4학년 1학기 과학자처럼 탐구해 볼까요?	▶ 해당 학년군 : 5-6학년군 - 기술 시스템 해당 단원 *실과 교과서의 경우 검·인정 교과서이므로 영역으로 표기함
• 성취 기준 [4수02-10] 여러 가지 모양의 사각형에 대한 분류 활동을 통하여 직사각형, 정사각형, 사다리꼴, 평행사변형, 마름모를 알고, 그 성질을 이해한다. [4수02-11] 다각형과 정다각형의 의미를 안다. [4수02-12] 주어진 도형을 이용하여 여러 가지 모양을 만들거나 채울 수 있다. [4수04-01] 다양한 변화 규칙을 찾아 설명하고, 그 규칙을 수나 식으로 나타낼 수 있다. [4수04-02] 규칙적인 계산식의 배열에서 계산 결과의 규칙을 찾고, 계산 결과를 추측할 수 있다. [6수02-04] 직육면체와 정육면체를 알고, 구성 요소와 성질을 이해한다. [6수02-08] 원기둥을 알고, 구성 요소, 성질, 전개도를 이해한다. [6수04-01] 한 양이 변할 때 다른 양이 그에 종속하여 변하는 대응 관계를 나타낸 표에서 규칙을 찾아 설명하고, □, △ 등을 사용하여 식으로 나타낼 수 있다.	• 성취 기준 [4과01-01] 서로 다른 물질로 만들어진 물체들을 비교하여 물체의 기능과 물질의 성질을 관련지을 수 있다. [4과01-04] 여러 가지 물질을 선택하여 다양한 물체를 설계하고 장단점을 토의할 수 있다.	• 성취 기준 [6실04-07] 소프트웨어가 적용된 사례를 찾아보고 우리 생활에 미치는 영향을 이해한다. [6실04-08] 절차적 사고에 의한 문제 해결의 순서를 생각하고 적용한다. [6실04-09] 프로그래밍 도구를 사용하여 기초적인 프로그래밍 과정을 체험한다. [6실04-10] 자료를 입력하고 필요한 처리를 수행한 후 결과를 출력하는 단순한 프로그램을 설계한다. [6실04-11] 문제를 해결하는 프로그램을 만드는 과정에서 순차, 선택, 반복 등의 구조를 이해한다.

수학		과학		실과
• 융합적 요소 **수학적 추론 능력** - 예술 작품에서 대응 개념 추론 - 정보화 기술 사례에서 대응 개념 추론 **개념 및 원리의 이해** - 연결 사례를 통한 대응 개념 및 원리 이해 **문제해결 및 의사소통** - 디자인을 대응 개념을 적용하여 좌표설계도로 변환하기 - 산출물 공유 및 의견 나누기	+	• 융합적 요소 **기본 개념 이해** - 설계 개념 이해 **현상에 대한 관심** - 생활 주변에서 대응 개념이 적용된 물체 찾기 **과학적 탐구 능력** - 산출물 설계와 실행을 통한 개념 적용 - 원리를 적용한 구체물 제작 및 결과 토의	+	• 융합적 요소 **절차적 사고** - 절차적 사고 과정을 문제 해결에 적용하기 **컴퓨팅 사고** - 국어, 사회, 수학, 과학 등 다양한 교과에 반영하기 **소프트웨어 활용** - 소프트웨어의 입력, 처리, 출력 과정 이해하기 - 컴퓨터, 휴대폰, 가전제품, 사물인터넷 제품 등에 사용된 소프트웨어를 탐색하고 우리 생활에 미치는 영향 이해하기

교수·학습 과정안(1차시)

활동명	'한글' 픽셀왕
활동주제	'한글' 프로그램을 활용하여 픽셀아트 도안 제작하기
학습목표	'한글' 프로그램을 활용하여 픽셀아트 도안을 제작할 수 있다.

활동 1 대응규칙 확인하기

| 나노블록 좌표설계도에 표시된 대응규칙 확인하기 |

■ 활동 순서

① 나노블록 좌표설계도에 표시된 대응규칙의 수 파악하기

② (선택)대응규칙 수정 및 보완하기

■ 여기서 잠깐!

대응규칙은 숫자, 문자 등 학생이 원하는 기호로 표현할 수 있음을 안내한다.

활동 2 '한글' 프로그램으로 픽셀아트 도안 제작하기

| '한글' 프로그램을 실행하여 픽셀아트 도안 제작하기 |

■ 활동 순서

① '한글' 프로그램 실행하기

② 표 그리기: 20X20 형태

③ 표 안에 대응규칙 입력하기

④ (선택)공유하기

- 프린터로 출력하여 공유하기
- 학급 자료 공유 플랫폼에 파일 업로드하기

■ 이렇게 활동했어요! (6학년 학생 작품)

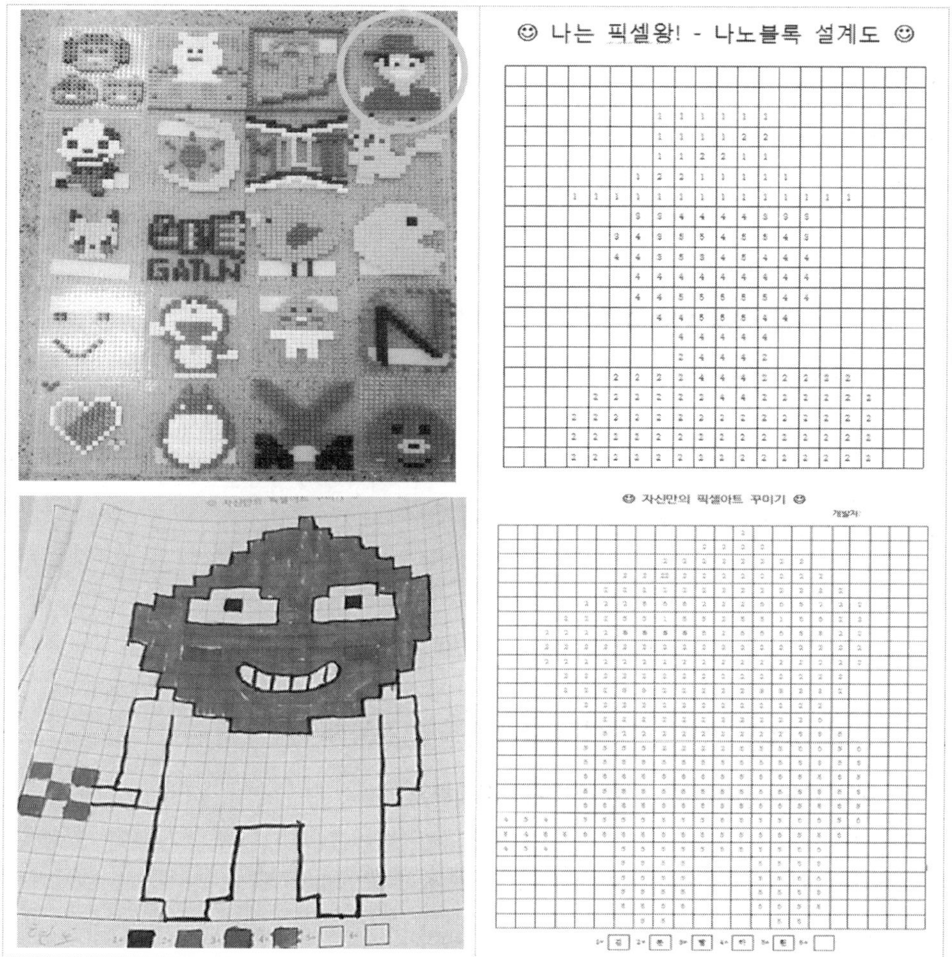

■ 여기서 잠깐!

1. 학생들의 수준에 따라 '표 그리기' 단계는 생략할 수 있다. 교사가 사전에 표가 제시된 파일을 준비해놓고 학생들이 해당 파일을 활용하여 규칙만 입력할 수 있다.
2. 학급 홈페이지, SNS, 패들렛 등 학급에서 자료를 공유하는 플랫폼이 있다면 수업 진행이 편리하다.

교수·학습 과정안(2차시)

활동명	'엑셀' 픽셀왕
활동주제	'엑셀' 프로그램을 활용하여 픽셀아트 도안 제작하기
학습목표	'엑셀' 프로그램을 활용하여 픽셀아트 도안을 제작할 수 있다.

활동 1 대응규칙 확인하기

| 나노블록 좌표설계도에 표시된 대응규칙 확인하기 |

■ 활동 순서

① 나노블록 좌표설계도에 표시된 대응규칙의 수 파악하기

② (선택)대응규칙 수정 및 보완하기

■ 여기서 잠깐!

대응규칙은 숫자, 문자 등 학생이 원하는 기호로 표현할 수 있음을 안내한다.

활동 2 '엑셀' 프로그램으로 픽셀아트 도안 제작하기

| '엑셀' 프로그램을 실행하여 픽셀아트 도안 제작하기 |

■ 활동 순서

① '엑셀' 프로그램 실행하기

② 조건부 서식 기능 원리 이해하기

③ 조건부 서식 기능 체험하기

④ 조건부 서식 기능을 적용하여 대응규칙 입력하기

⑤ (선택)공유하기

- 프린터로 출력하여 공유하기
- 학급 자료 공유 플랫폼에 파일 업로드하기

■ 이렇게 활동했어요! (6학년 학생 작품)

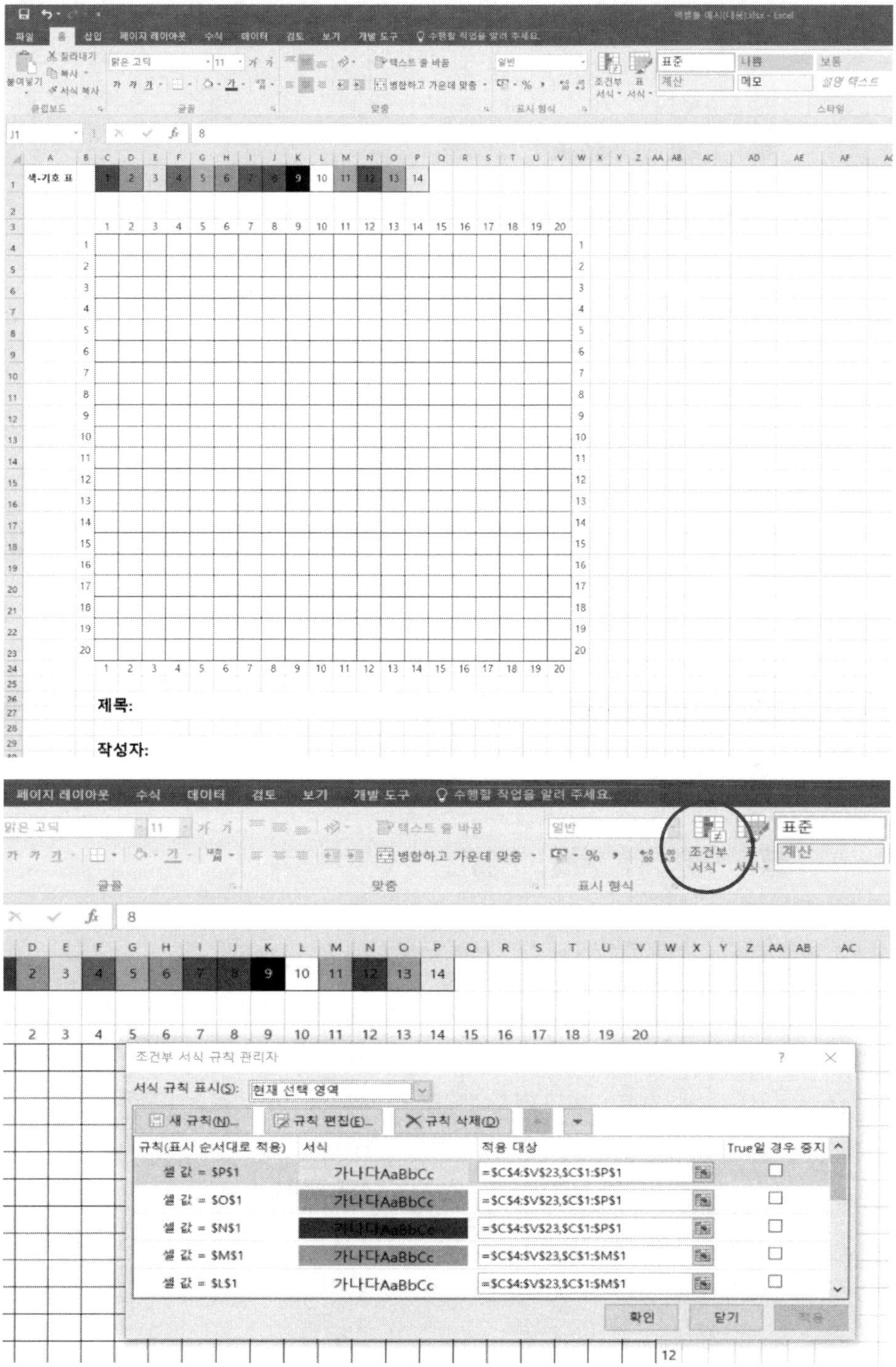

[조건부 서식]-[새 규칙] 클릭

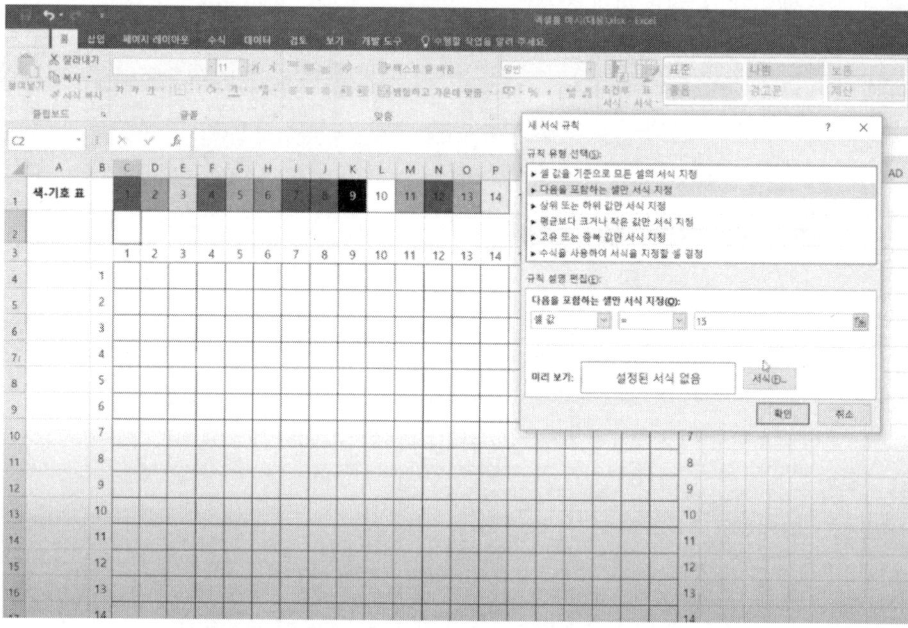

[규칙 유형 선택] 다음을 포함하는 셀만 서식 지정 클릭
→[규칙 설명 편집]에서 셀 값, =, 기호(대응규칙 기호) 클릭
→[미리 보기] 서식 클릭

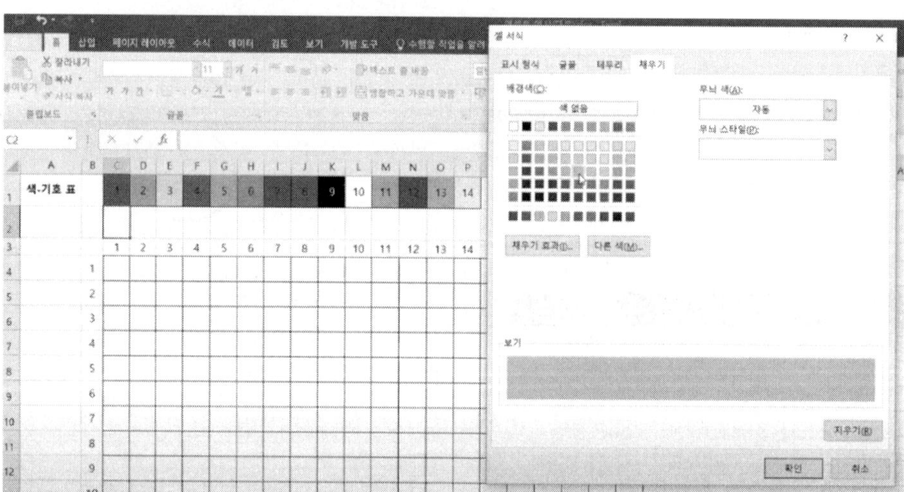

[채우기] 배경색(내가 정한 대응규칙에 해당하는 색)
선택 후 확인 클릭

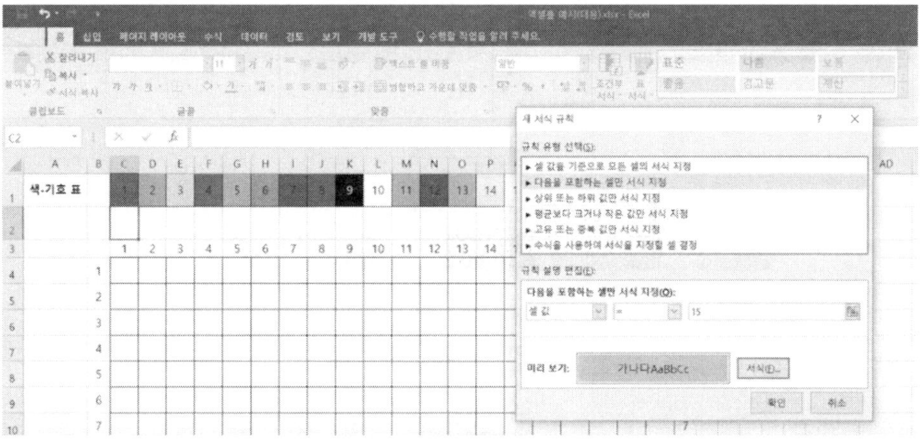

확인 클릭

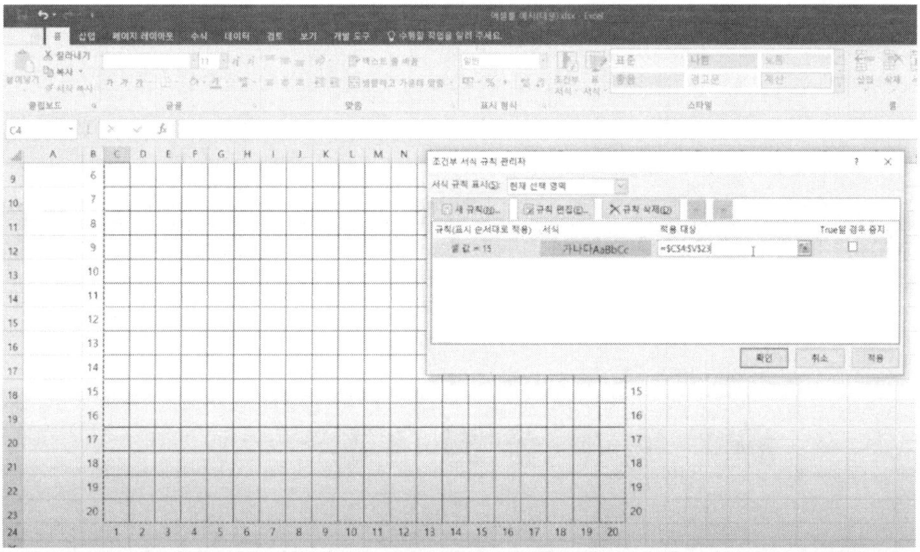

[적용 대상] 표(20X20) 드래그, 맨 위 색→기호 표 선택 후 적용, 확인 클릭

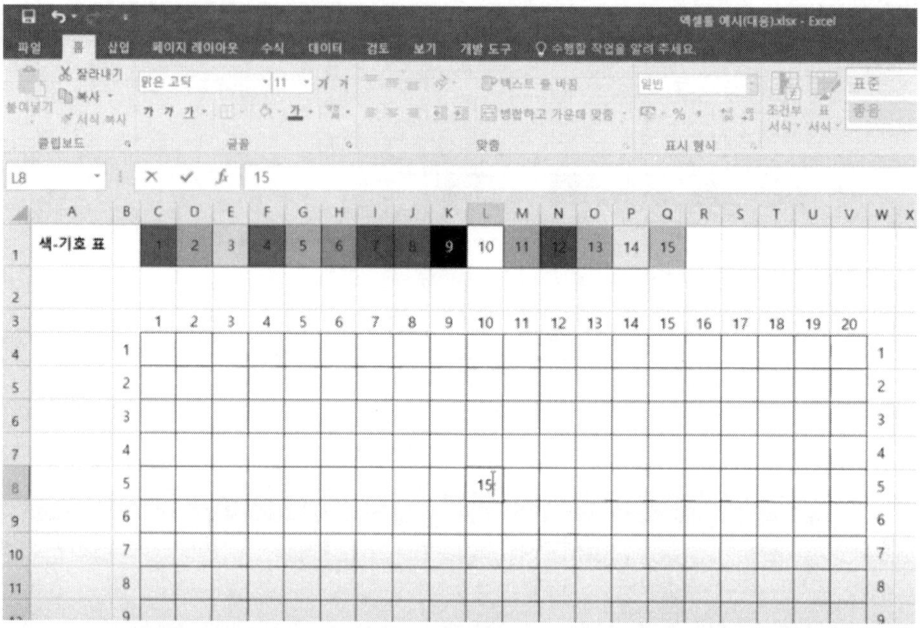

표(20X20) 안에 대응규칙으로 정한 기호(여기서는 15) 입력하고 [Enter] 누르기

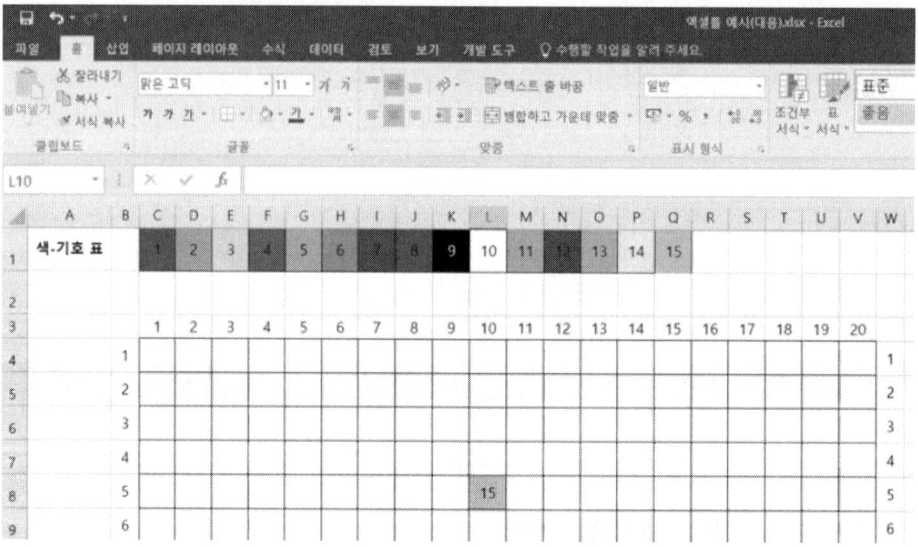

■ 여기서 잠깐!

1. 적용 대상을 선택할 때 표(20X20)와 색-기호 표의 셀 모두 선택해야 규칙으로 정한 값을 입력했을 때 해당 색상이 나타난다.
2. 학생들이 기호를 입력했는데 규칙으로 지정한 색이 안 나타난다고 질문하는 경우가 많다. 보통 [Enter]를 누르지 않아서 나타나지 않는다. 스마트 패드로 작업하는 학생의 경우 엑셀의 표에서 다른 셀을 터치해보라고 하면 된다.

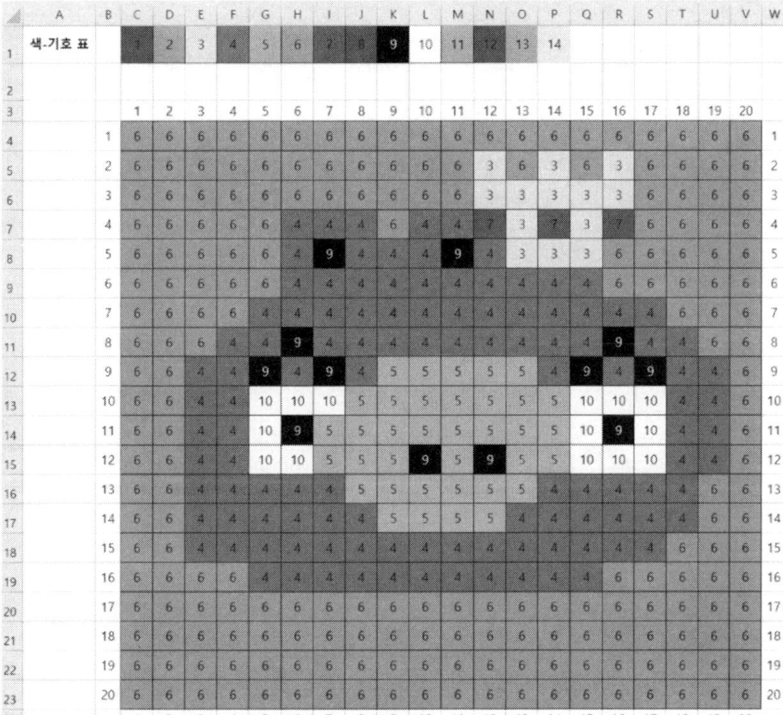

색-기호 표	1	2	3	4	5	6	7	8	9	10	11	12	13	14

	1	2	3	4	5	6	7	8	9	10	11	12	13	14	15	16	17	18	19	20	
1	6	6	6	6	6	6	6	6	6	6	6	6	6	6	6	6	6	6	6	6	1
2	6	6	6	6	6	6	6	6	6	6	6	3	6	3	6	3	6	6	6	6	2
3	6	6	6	6	6	6	6	6	6	6	6	3	3	3	3	3	6	6	6	6	3
4	6	6	6	6	6	4	4	4	6	4	4	7	3	7	3	7	6	6	6	6	4
5	6	6	6	6	6	4	9	4	4	4	9	4	3	3	3	6	6	6	6	6	5
6	6	6	6	6	6	4	4	4	4	4	4	4	4	4	4	6	6	6	6	6	6
7	6	6	6	6	4	4	4	4	4	4	4	4	4	4	4	4	4	6	6	6	7
8	6	6	6	4	4	9	4	4	4	4	4	4	4	4	4	9	4	4	6	6	8
9	6	6	4	4	9	4	9	4	5	5	5	5	5	4	9	4	9	4	4	6	9
10	6	6	4	4	10	10	10	5	5	5	5	5	5	5	10	10	10	4	4	6	10
11	6	6	4	4	10	9	5	5	5	5	5	5	5	5	10	9	10	4	4	6	11
12	6	6	4	4	10	10	5	5	5	9	5	9	5	5	10	10	10	4	4	6	12
13	6	6	4	4	4	4	4	5	5	5	5	5	5	4	4	4	4	4	6	6	13
14	6	6	4	4	4	4	4	4	5	5	5	5	4	4	4	4	4	4	6	6	14
15	6	6	4	4	4	4	4	4	4	4	4	4	4	4	4	4	4	6	6	6	15
16	6	6	6	6	4	4	4	4	4	4	4	4	4	4	4	6	6	6	6	6	16
17	6	6	6	6	6	6	6	6	6	6	6	6	6	6	6	6	6	6	6	6	17
18	6	6	6	6	6	6	6	6	6	6	6	6	6	6	6	6	6	6	6	6	18
19	6	6	6	6	6	6	6	6	6	6	6	6	6	6	6	6	6	6	6	6	19
20	6	6	6	6	6	6	6	6	6	6	6	6	6	6	6	6	6	6	6	6	20

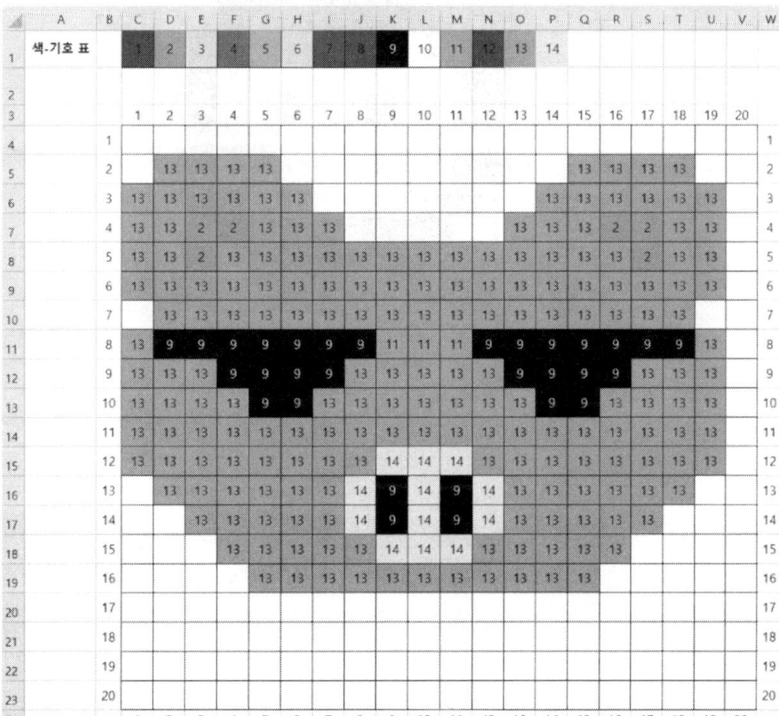

색-기호 표	1	2	3	4	5	6	7	8	9	10	11	12	13	14

	1	2	3	4	5	6	7	8	9	10	11	12	13	14	15	16	17	18	19	20	
1																					1
2		13	13	13	13										13	13	13	13			2
3	13	13	13	13	13	13								13	13	13	13	13	13		3
4	13	13	2	2	13	13	13						13	13	13	2	2	13	13		4
5	13	13	2	13	13	13	13	13	13	13	13	13	13	13	13	13	2	13	13		5
6	13	13	13	13	13	13	13	13	13	13	13	13	13	13	13	13	13	13	13		6
7		13	13	13	13	13	13	13	13	13	13	13	13	13	13	13	13	13			7
8	13	9	9	9	9	9	9	9	11	11	11	9	9	9	9	9	9	9	13		8
9	13	13	13	9	9	9	9	13	13	13	13	13	9	9	9	9	13	13	13		9
10	13	13	13	13	9	9	13	13	13	13	13	13	13	9	9	13	13	13	13		10
11	13	13	13	13	13	13	13	13	13	13	13	13	13	13	13	13	13	13	13		11
12	13	13	13	13	13	13	13	13	14	14	14	13	13	13	13	13	13	13	13		12
13		13	13	13	13	13	13	14	9	14	9	14	13	13	13	13	13	13			13
14			13	13	13	13	13	14	9	14	9	14	13	13	13	13	13				14
15				13	13	13	13	13	14	14	14	13	13	13	13	13					15
16					13	13	13	13	13	13	13	13	13	13	13						16
17																					17
18																					18
19																					19
20																					20

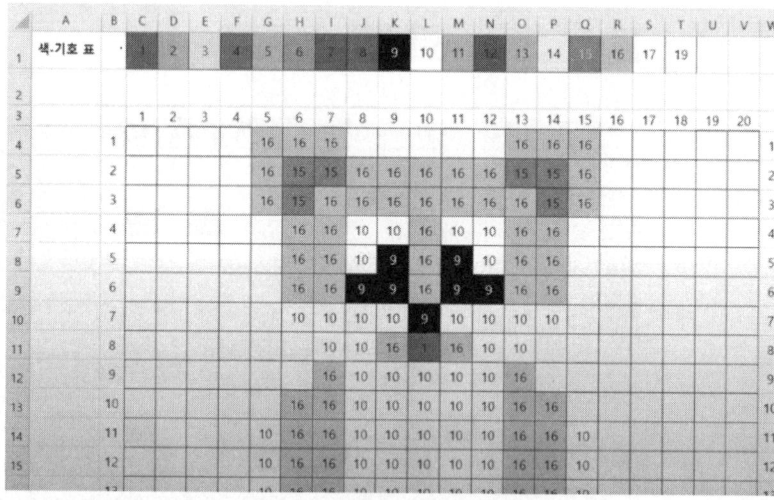

색-기호 표	1	2	3	4	5	6	7	8	9	10	11	12	13	14	15	16	17	19

	1	2	3	4	5	6	7	8	9	10	11	12	13	14	15	16	17	18	19	20	
1					16	16	16						16	16	16						1
2					16	15	15	16	16	16	16	16	15	15	16						2
3					16	15	16	16	16	16	16	16	16	15	16						3
4						16	16	10	10	16	10	10	16	16							4
5						16	16	10	9	16	9	10	16	16							5
6						16	16	9	9	16	9	9	16	16							6
7						10	10	10	10	9	10	10	10	10							7
8							10	10	16	1	16	10	10								8
9							16	10	10	10	10	10	16								9
10						16	16	10	10	10	10	10	16	16							10
11					10	16	16	10	10	10	10	10	16	16	10						11
12					10	16	16	10	10	10	10	10	16	16	10						12

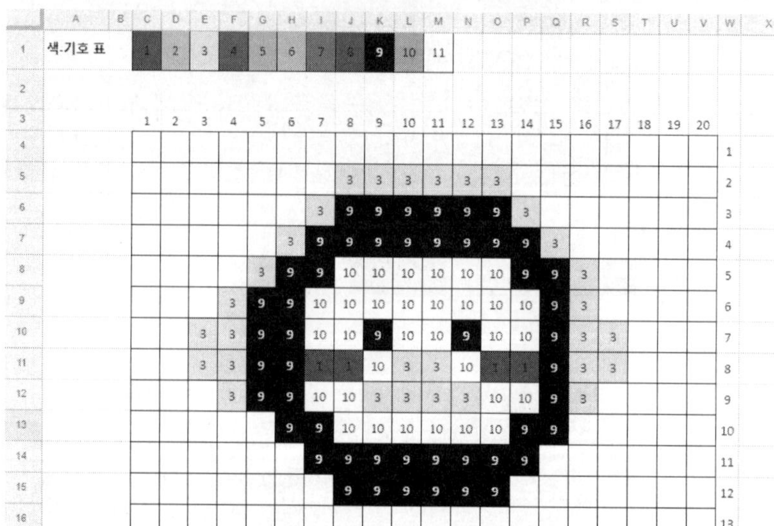

색-기호 표	1	2	3	4	5	6	7	8	9	10	11

1	2	3	4	5	6	7	8	9	10	11	12	13	14	15	16	17	18	19	20	
																				1
							3	3	3	3	3	3								2
						3	9	9	9	9	9	9	3							3
					3	9	9	9	9	9	9	9	9	3						4
				3	9	9	10	10	10	10	10	10	9	9	3					5
			3	9	9	10	10	10	10	10	10	10	10	9	3					6
		3	3	9	9	10	10	9	10	10	9	10	10	9	3	3				7
		3	3	9	9	1	1	10	3	3	10	1	1	9	3	3				8
			3	9	9	10	10	3	3	3	3	10	10	9	3					9
					9	9	10	10	10	10	10	10	9	9						10
						9	9	9	9	9	9	9	9							11
							9	9	9	9	9	9								12
																				13

교수·학습 과정안(3차시)

활동명	구글 '스프레드시트' 픽셀왕
활동주제	구글 '스프레드시트'를 활용하여 픽셀아트 도안 제작하기
학습목표	구글 '스프레드시트'를 활용하여 픽셀아트 도안을 제작할 수 있다.

활동 1 대응규칙 확인하기

| 나노블록 좌표설계도에 표시된 대응규칙 확인하기 |

■ 활동 순서

① 나노블록 좌표설계도에 표시된 대응규칙의 수 파악하기

② (선택)대응규칙 수정 및 보완하기

■ 여기서 잠깐!

대응규칙은 숫자, 문자 등 학생이 원하는 기호로 표현할 수 있음을 안내한다.

활동 2 구글 '스프레드시트'로 픽셀아트 도안 제작하기

| 구글 '스프레드시트' 실행하여 픽셀아트 도안 제작하기 |

■ 활동 순서

① 구글 '스프레드시트' 실행하기

② 조건부 서식 기능 원리 이해하기

③ 조건부 서식 기능 체험하기

④ 조건부 서식 기능을 적용하여 대응규칙 입력하기

⑤ (선택)공유하기

- 프린터로 출력하여 공유하기
- 학급 자료 공유 플랫폼에 파일 업로드하기

■ 이렇게 활동했어요! (6학년 학생 작품)

계정 로그인-[스프레드시트] 클릭

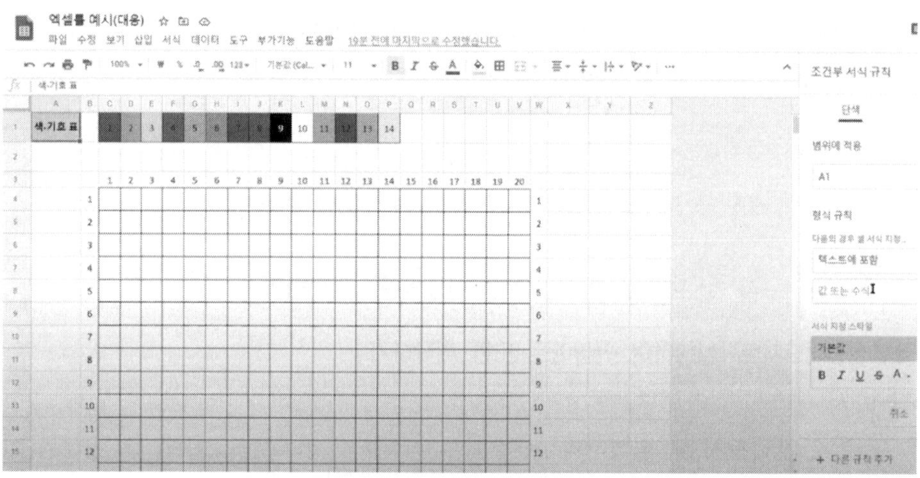

[서식]-[조건부 서식] 클릭

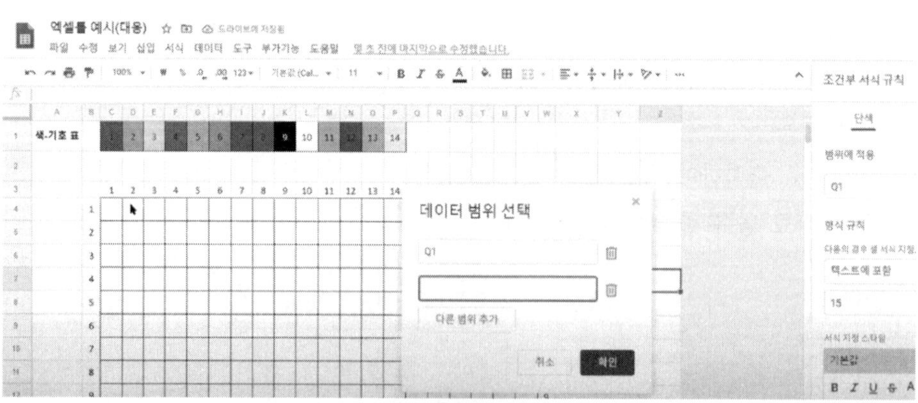

대응규칙 설정

*엑셀 프로그램 활용 방법과 유사함

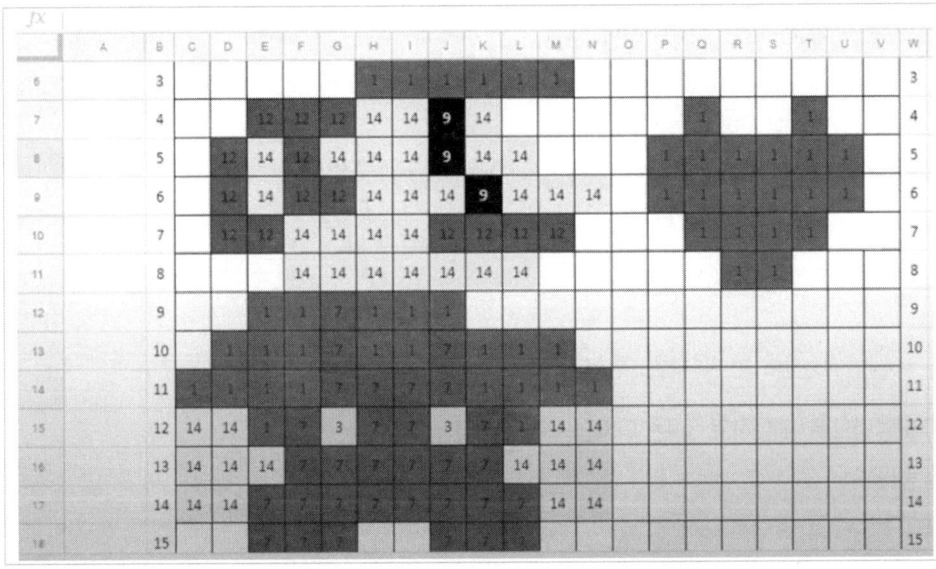

■ 여기서 잠깐!

1. 학생에게 구글 계정이 있을 때 활용하면 편리하다.
2. 조건부 서식 기능은 엑셀과 동일한 원리로 작동한다. 구글 '스프레드시트'가 상대적으로 직관적으로 작업할 수 있게 구성되어 학생들이 더 편리하게 활용한다.
3. 공동 작업이 가능하여 소집단 협력 학습 시 활용하기 좋다.

교수 · 학습 과정안(4차시)

활동명	'123D Design' 도전왕
활동주제	'123D Design' 프로그램을 활용하여 도안 제작하기
학습목표	'123D Design' 프로그램을 활용하여 도안을 제작할 수 있다.

활동 1 원하는 디자인 구상하기

| 3D모델링으로 표현하고 싶은 디자인 구상하기 |

■ 활동 순서

① 디자인 구상하기

② 구상한 디자인 그리기

■ 여기서 잠깐!

학생들의 수준에 따라 디자인 주제(예: 팔찌)를 준다. 또한 복잡하지 않게 디자인하도록 안내한다.

활동 2 '123D Design' 프로그램으로 도안 제작하기

| '123D Design' 프로그램을 실행하여 도안 제작하기 |

■ 활동 순서

① '123D Design' 프로그램 실행하기

② 다양한 기능 체험하기

③ 도안 제작하기

④ (선택)공유하기

- 3D프린터로 출력하기
- 학급 자료 공유 플랫폼에 파일 업로드하기

■ 이렇게 활동했어요! (4학년 학생 작품)

■ 여기서 잠깐!

1. 3D모델링 프로그램을 처음 접하는 학생들의 경우 디자인 주제를 정해주거나 예를 제시하는 게 좋다.
2. 학생들이 도안을 제작하는 과정에서 실제로 3D프린터로 출력했을 때 분리되도록 디자인하는 경우가 있다. 이때 교사가 도안 수정을 요청하기보다 해당 디자인대로 출력했을 때 어떤 문제점이 있을지 학생이 스스로 생각해볼 수 있도록 발문한다.

교사용 참고 자료

도서 『오토데스크 123D DESIGN과 3D 모델링 입문 활용서』

이 책은 123D Design 프로그램을 처음 접할 때 기본 기능을 익히고 체험해 볼 수 있는 길잡이 역할을 한다. 교사가 3D프린팅 관련 수업을 구상하고 설계할 때 많은 도움을 얻을 수 있다. 교사 스스로 기능을 충분히 숙지하고 있어야 활동 과정에서 학생들이 하는 질문에 헤매지 않고 답할 수 있을 것이다.

본 도서 외에도 123D Design 프로그램 활용에 대해 안내하는 다양한 도서와 웹 정보들을 쉽게 찾아볼 수 있으므로 자신에게 가장 잘 맞는 안내서와 정보를 탐색해보는 것을 추천한다.

123D Design 프로그램

본 수업과 관련하여 학생들이 3D모델링을 체험해볼 수 있는 프로그램으로 'Autodesk 123D Design' 프로그램을 추천한다. 프리웨어이며 3D프린팅 입문자용으로 tinkerCAD 프로그램과 함께 많이 활용된다. 학교 컴퓨터실을 활용할 때 사전에 미리 설치해놓는 편이 활동 시간 확보에 도움이 된다. 학생들이 이 프로그램에 익숙해지면 가정에서 다운로드 받아 자유롭게 산출물을 만들고 학급 자료 공유 플랫폼에 업로드하여 서로 공유하는 것도 좋을 것이다. 경험상 중학년(3~4학년) 학급에서도 전체 학습 활동이 가능하다. 그러나 학생들이 충분히 역량을 발휘하여 3D모델링을 하기 위해서는 1-2회의 단발성 수업이 아닌 5회 이상의 수업을 계획하는 것이 좋다.

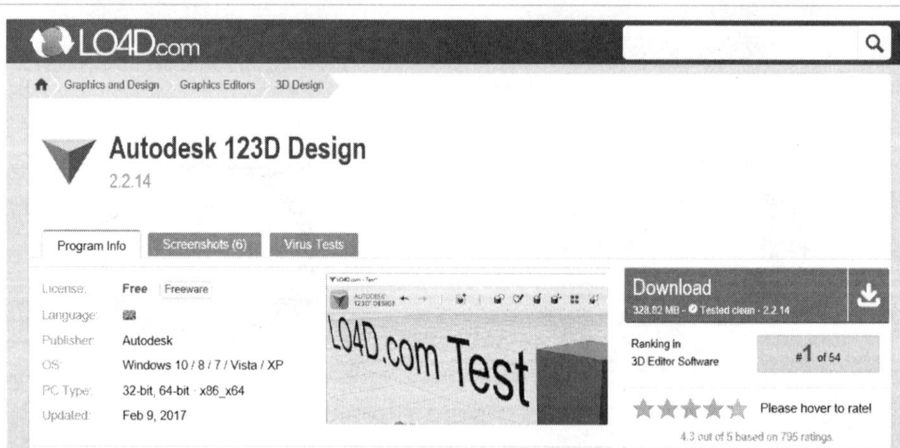

참고 영상 및 사진 사이트 주소

1. Autodesk 123D Design 프로그램
   (https://autodesk-123d-design.en.lo4d.com/windows)
2. tinkerCAD 관련 도서 'Autodesk 정식 한글 버전 틴커캐드 + 3D 모델링 & 3D 프린팅'
   (http://www.yes24.com/Product/Goods/60492469)

참고문헌

노수황, 이예진(2018). 오토데스크 123D DESIGN과 3D 모델링 입문 활용서. 메카피아.

김차희, 노수황(2018). Autodesk 정식 한글 버전 틴커캐드 + 3D 모델링 & 3D 프린팅. 메카피아.

PART C

초등학교 고학년(5~6학년) 수학·과학 융합 수업

C-1 고학년(5~6학년군)

데이터로 예측하는 기후 변화

활동 개요

본 활동은 컴퓨터가 색상을 인식하는 2가지 방법을 10진법 기반의 RGB와 16진법 기반의 HEX 코드를 통해 살펴보며, 색상을 수로 나타내는 과정에서 데이터를 형성할 수 있음을 알아본다. 색을 양적 데이터로 나타내는 방법을 익히고 지구상에 존재하는 다양한 생물군계에 따라 색이 어떻게 나타나는지 데이터화하여 살펴보며, 시간이 흐를수록 각 생물군계의 색의 변화를 살펴봄으로써 앞으로 색의 변화에 따른 지구의 기후 변화를 예측해보도록 구성하였다.

첫 번째 활동에서는 지구의 표면에서 보이는 다양한 색상을 보면서, '색'이 알려주는 정보에 대해 생각해본다. 120색의 크레파스를 살펴보면서, 색상을 나타내는 방법에 대해 생각해보고, 컴퓨터는 색을 어떻게 인식하는지 RGB(10진법)와 HEX 코드(16진법)를 통해 살펴본다. 색상 표현에 대해 2가지 색상이 호환되는 과정을 이해하고, 제시된 숫자 정보만으로 어떤 색상일지 예측해본다. 정성적으로 색상을 나타내는 것과 정량적으로 색을 나타내는 것에 대한 장단점을 탐색해본다.

두 번째 활동에서는 다양한 생물군계가 나타내는 색상을 알아본다. 생물군계는 지상생물군계 중 7가지(열대림, 사막, 초원, 온대림, 침엽수림, 사바나(대초원), 툰드라(동토대))의 특징을 살펴보며, 이러한 생물군계를 색으로 나타낸다면 어떠한 색에 가까운지 예상을 해본다. 각 생물군계의 색이 왜 다르게 나타나는지 환경요소를 생각해보고, 강수량, 온도 등 통계자료를 보면서 생물군계에 영향을 미치는 색에 대해서 탐구해본다.

세 번째 활동에서는 촬영된 위성 사진의 색 변화를 탐구하고, 색상 데이터 분석을 통해 앞으로 지구의 색 변화를 예측해본다. 구글 타임랩스를 이용하여 관찰하고자 하는 지역을 선택하여, 연도별로 지표의 색상 변화를 확인하여 데이터화한 뒤 지금까지 변화 과정 및 앞으로의 변화를 예측해본다. 지구의 기후 변화가 긍정적인 방향으로 이루어지기 위해서는 어떠한 노력이 필요할지 생각을 나누며 마무리해본다.

	차시	주요 활동 내용
활동 내용	1-2	색을 설명해요 - 바다의 변화하는 색에 대한 기사 및 영상을 살펴보고, 지구 색 변화의 중요성 알기 - 데이터로서의 색을 나타내는 방법 및 수로 색상을 확인하는 방법 살펴보기
	3-4	다양한 생물군계가 나타내는 색 - 지상 생물군계 7가지의 색상 특징 살펴보기 - 색상 특징과 환경요소와의 관계를 연결짓기
	5-6	지구의 색 변화로 기후 변화 예측하기 - 사진에서 색상 데이터 추출 방법 익히기 - 구글 타임랩스를 이용하여 특정 지역의 기후 변화 분석 및 예측하기 - 앞으로의 기후 변화와 관련하여 어떠한 문제점이 예상되며, 어떠한 노력이 필요한지 의견 나누기
준비물	120색 크레파스(크레욜라), 엑셀 프로그램, 인터넷 가능한 컴퓨터	

- 데이터는 최근 일상생활에서 그 중요성이 날로 높아지고 있는데, 자료를 모으고 분석하는 일련의 과정은 수학과 교육과정의 5~6학년군에서 '자료와 가능성'에서 다루고 있다. 그래프에 대한 이용은 3~4학년군에서 막대그래프와 꺾은선그래프를 시작으로, 5~6학년군에서는 띠그래프, 원그래프를 학습하는데, 학생들은 교과서나 통제된 형태의 자료를 간단하게 다루는 정도로 학습을 하게 된다. 하지만 컴퓨터를 이용하여 다양한 통계자료에 접근하고, 특히 '엑셀 프로그램'을 이용하여 데이터를 시각화하는 방법을 익히게 되면, 손으로 직접 그리지 않더라도 초등학생 수준에서도 다양한 분석이 가능하다. 5~6학년 수학과 교육과정에서 '자료와 가능성' 영역의 '일반화된 지식'에서는 '자료의 수집, 분류, 정리, 해석은 통계의 주요 과정이다', '가능성을 수치화하는 경험은 확률의 기초가 된다.'라고 언급하고 있다. 본 수업에서는 이러한 일반화된 지식에의 접근을 실질적인 데이터를 기반으로 수집, 분류, 정리, 해석하는 모든 과정을 포함하며 이를 수치화하는 과정 또한 거치고 있기 때문에 일반적인 교과과정에서 배운 학습 내용을 심화하는 수업에 알맞은 것으로 보인다.
- 본 수업은 '환경'과 관련된 주제를 다루는 점에서 '과학'과 '수학' 교과와의 관련성을 찾을 수 있으며, 구체적으로 과학과 교육과정의 5~6학년군의 '환경과 생태계' 영역과 관련이 된다. 과학과에서의 '환경과 생태계' 영역에서 일반화된 지식으로는 '생태계의 구성 요소는 서로 밀접한 관계를 맺고 있으며 서로 영향을 주고받는다.', '생태계 내에서 물질은 순환하고, 에너지는 흐른다.'로 제시하고 있는데, 본 수업을 진행하는 동안 학생들이 데이터를 분석하고 예측하는 과정에서 이러한 지식 습득이 가능할 것으로 보인다.
- 본 수업의 생물군계와 관련된 내용에 대한 학습은 중학교 사회과 학습에서 본격적으로 이루어진다. 그렇기 때문에 기후의 색상을 탐구하는 과정에서 생물군계를 너무 집중적으로 탐구하기보다는, 색상의 분포에서의 공통점과 차이점을 살펴보는 과정에만 강조점을 두는 것이 좋다. 이러한 특징을 수학적으로 이해하

는 것은 이후 중학교에서 해당 내용의 학습의 이해에 도움이 될 수 있을 것이다. 해당 내용이 너무 어렵다고 생각되는 경우 교사가 학생들의 수준을 고려하여 이용 여부를 결정하여 학습 자료를 수정하여 사용할 수 있을 것이다. 본 수업의 경우 초등학교 사회과에서는 '지리인식', '자연 환경과 인간 생활', '지속 가능한 세계' 영역과 관련된다. 3-4학년군에서는 지도의 기본적인 요소를 배우며, 5-6학년군에서는 국토에서 시작하여 세계 여러 나라를 경도와 위도로, 위치로 파악하는 과정이 제시된다. 본 수업에서는 타임랩스를 활용하면서 여러 지역을 살펴보는 과정이 제시되며, 여러 지역 중 관심 있는 지역을 선정하여 기후 변화를 탐구하게 된다. 기후와 관련된 부분은 초등학교 5-6학년부터 제시되며 기후와 인간생활 간의 관계에 대해 학습한다. 이후 중학교 1-3학년에서는 기후의 특성에 따라 지역을 나누어 살펴보는 과정으로 학습이 이어진다. 지속 가능한 세계에 대한 내용도 초등학교 5-6학년군에서 시작되며, 본 수업에서 다루고자 하는 주제와 밀접한 연관이 된다.

- 본 수업에서는 '색상'을 숫자로 변환하여 다루는 과정에서 데이터를 생산해내는데, 이러한 과정은 실생활에서 '수'가 어떻게 유용하게 사용되는지를 자연스럽게 학습하는 과정에서 학생들의 수학에 대한 흥미와 호기심 상승에 도움이 되리라 본다. 또한 자료를 기반으로 추론하고 예측하는 과정에서 전문가들이 어떠한 과정으로 변화를 예측하고 시뮬레이션을 하는지 과학적인 탐구 방법을 경험하는 하나의 과정이 될 수 있을 것이다.

융합적 요소 및 교육과정과의 연계성

수학

▶ 해당 학년군 : 3-4학년군
5-6학년군

- 3-2 자료의 정리
- 4-1 막대그래프
- 4-2 꺾은선그래프
- 5-1 평균과 가능성
- 6-1 여러 가지 그래프

• 성취 기준

[2수05-02] 분류한 자료를 표로 나타내고, 표로 나타내면 편리한 점을 말할 수 있다.
[4수05-01] 실생활 자료를 수집하여 간단한 그림그래프나 막대그래프로 나타낼 수 있다.
[4수05-02] 연속적인 변량에 대한 자료를 수집하여 꺾은선그래프로 나타낼 수 있다.
[4수05-03] 여러 가지 자료를 수집, 분류, 정리하여 자료의 특성에 맞는 그래프로 나타내고, 그래프를 해석할 수 있다.

과학

▶ 해당 학년군 : 3-4학년군
5-6학년군

- 3-1 지구의 모습
- 5-2 생물과 환경

• 성취 기준

[4과16-01] 지구와 관련된 자료를 조사하여 모양과 표면의 모습을 설명할 수 있다.
[6과05-01] 생태계가 생물 요소와 비생물 요소로 이루어져 있음을 알고 생태계 구성 요소들이 서로 영향을 주고받음을 설명할 수 있다.
[6과05-02] 비생물 환경 요인이 생물에 미치는 영향을 이해하여 환경과 생물 사이의 관계를 설명할 수 있다.

사회

▶ 해당 학년군 : 3-4학년군
5-6학년군

- 4-1 지역의 위치와 특성
- 5-1 국토와 우리 생활
- 6-2 세계 여러 나라의 자연과 문화
- 6-2 통일 한국의 미래와 지구촌의 평화

• 성취 기준

[4사03-01] 지도의 기본 요소에 대한 이해를 바탕으로 하여 우리 지역 지도에 나타난 지리 정보를 실제 생활에 활용한다.
[6사01-01] 우리나라의 위치와 영역이 지니는 특성을 설명하고, 이를 바탕으로 하여 국토 사랑의 태도를 기른다.
[6사01-03] 우리나라의 기후 환경 및 지형 환경에서 나타나는 특성을 탐구한다.

수학	과학	사회
[6수05-02] 실생활 자료를 그림그래프로 나타내고, 이를 활용할 수 있다. [6수05-03] 주어진 자료를 띠그래프와 원그래프로 나타낼 수 있다. [6수05-04] 자료를 수집, 분류, 정리하여 목적에 맞는 그래프로 나타내고, 그래프를 해석할 수 있다. [6수05-06] 가능성을 수나 말로 나타낸 예를 찾아보고, 가능성을 비교할 수 있다.	[6과05-03] 생태계 보전의 필요성을 인식하고 생태계 보전을 위해 우리가 할 수 있는 일에 대해 토의할 수 있다.	[6사07-01] 세계지도, 지구본을 비롯한 다양한 형태의 공간 자료에 대한 기초적인 내용과 활용 방법을 알고, 이를 실제 생활에 활용한다. [6사07-02] 여러 시각 및 공간 자료를 활용하여 세계 주요 대륙과 대양의 위치 및 범위, 대륙별 주요 나라의 위치와 영토의 특징을 탐색한다. [6사07-03] 세계 주요 기후의 분포와 특성을 파악하고, 이를 바탕으로 하여 기후 환경과 인간 생활 간의 관계를 탐색한다. [6사08-05] 지구촌의 주요 환경문제를 조사하여 해결 방안을 탐색하고, 환경문제 해결에 협력하는 세계시민의 자세를 기른다. [6사08-06] 지속가능한 미래를 건설하기 위한 과제(친환경적 생산과 소비 방식 확산, 빈곤과 기아 퇴치, 문화적 편견과 차별 해소 등)을 조사하고, 세계시민으로서 이에 적극 참여하는 방안을 모색한다.
• 융합적 요소 **수학적 추론 능력** - 데이터 분석을 통해 색과 현상과의 관계를 추론 - 데이터를 기반으로 한 수학적 추론을 통해 기후 변화를 예측	+ • 융합적 요소 **기본 개념 이해** - 지구 표면의 모습을 색과 연결지어 설명 - 생태계의 구성 요소와 상호관계를 이해	+ • 융합적 요소 **대인관계능력** - 현상을 바라보고, 모둠원과 논의하는 과정에서 관용, 배려, 타협, 협력적 태도 발휘 **개념 및 원리의 이해** - 데이터를 기반으로 현상을 능동적으로 파악하고 준거에 근거하여 주장할 수 있음

수학		과학		사회
개념 및 원리의 이해 - 자료를 표와 그래프로 나타내면 보다 편리하게 이용할 수 있음을 이해 - 자료를 목적에 맞게 나타낼 수 있음을 이해 **문제해결 및 의사소통** - 여러 가지 정보를 시각적으로 표현 - 예측한 내용을 수학적으로 설명 - 기후 변화에 대한 자신의 의견을 나타냄	+	**현상에 대한 관심** - 우리 주변을 이루는 생태계의 변화에 대한 관심 - 생태계를 이루는 요소들 간 상호작용에 관심 **과학적 탐구 능력** - 실제적인 자료와 사례 속에서 개념의 적용을 확인 - 분석 결과를 공유하고 앞으로 예측 가능한 문제점과 우리가 할 수 있는 일에 대해 토의	+	**문제해결 및 의사소통** - 주어진 조건에 맞게 데이터를 수집하고 예측하는 과정에서 최적의 해석을 선택함 **정보활용능력 및 의사소통능력** - 다양한 자료를 수학적으로 수집하여 컴퓨터 프로그램을 이용하여 분석할 수 있으며, 분석 내용을 친구들과 소통할 수 있음 **시민의식** - 지구의 구성원으로서의 필요한 태도와 공동의 문제 해결을 위한 노력을 논의

교수·학습 과정안(1-2차시)

활동명	색을 설명해요
활동주제	데이터로서의 색을 이해하기
학습목표	1. 지구의 색 변화를 이해하는 것이 왜 중요한지 설명할 수 있다. 2. 색상을 데이터로 나타내는 방법을 설명할 수 있다.

활동 1 바다의 변화하는 색

| '색'은 지구에 대해 무엇을 알려줄까? |

■ 활동 순서

① '바다는 왜 파란색일까' 생각해보고, 영상을 보면서 바닷물의 색이 어떻게 보일 수 있는지 살펴보기

② 읽기자료를 선생님과 함께 읽어보고, 영상 자료를 시청하면서 바다의 색 변화와 관련된 다양한 환경적 요소들을 살펴보기

③ 지구의 색 변화가 우리에게 왜 중요한지 그 이유에 대해 생각하고 의견을 나누어 보기

■ 이렇게 활동했어요!

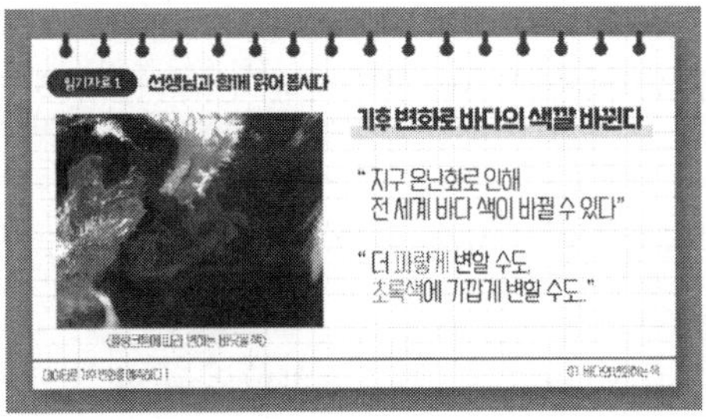

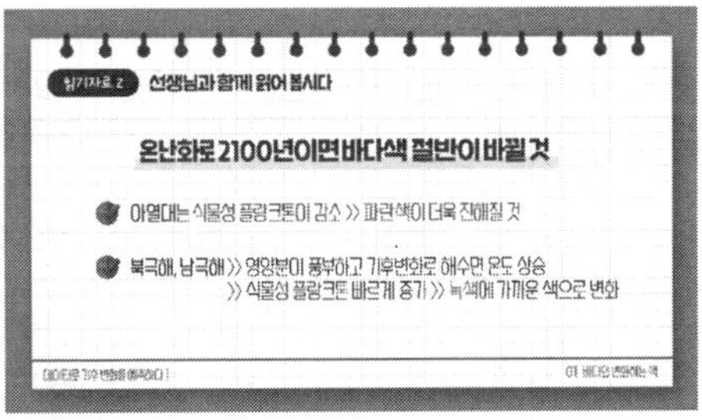

■ 여기서 잠깐!

1. 자료에 대한 정보는 '교사용 참고자료'에 소개되어 있으며, 활동 1에서는 다양한 읽기자료와 영상을 통해 지구에 관한 정보와 주제와 관련된 색을 연결지어 현상을 이해하는 데에 중점을 둔다. 다양한 자료가 소개되고 있으나, '플랑크톤' 등 제시되는 정보에 대한 이해 수준은 학생마다 관심도 등에 따라 크게 차이가 날 수 있다. 제시되는 정보의 수준을 살펴보고, 일반 학생의 경우 교사가 학생에게 적절하다고 생각하는 자료만 제시할 수 있으며, 영재원 대상 학생의 경우 다양한 자료를 제시해주는 것이 도움이 될 수 있다.
2. 단순히 자료를 읽기보다는 자료 읽기 전에 '바다는 왜 파란색일까?' '바다는 파란색만 있을까?' 등 다양한 질문을 통해 학생들의 생각을 활성화시킨 뒤 읽기를 진행하고, 읽은 뒤에도 생각을 이야기해 볼 수

있도록 한다.

3. 지구의 색 변화가 왜 중요한지는 본 수업의 큰 목표 중 하나로, 수업을 이어나가는 큰 맥락이 되기 때문에 꼭 짚고 넘어간다. 지구의 색 변화는 기후 변화의 원인과 미래를 예측하는 과정에서 매우 중요하다는 사실을 인지할 수 있도록 한다.

활동 2 색을 어떻게 나타낼까?

| 정성적 방법으로 색을 나타내기 |

■ 활동 순서

① 크레파스(크레욜라 120색)를 모둠별로 준비하고, 모둠원별로 자신이 좋아하는 색상 2가지를 선택하여 활동지에 적어보기(RGB와 HEX칸은 적지 않고 크레파스에 적힌 색 이름만 적어보기)

② 모둠별로 교실에서 1가지 색상을 찾아보기. 해당 색상과 가장 비슷하다고 생각하는 크레파스를 골라서 크레용의 이름을 사용하지 않고 색상에 대한 설명을 작성해보기

③ 다른 모둠은 설명만 듣고 해당 색상을 찾아보기, 찾기 어려운 경우 힌트를 조금씩 더 주기

④ 실제 색상과 학생이 설명한 색상은 얼마나 다른지 말해보고, 어려운 점 등 활동을 한 뒤 소감을 말해보기

| 정량적 방법으로 색을 나타내기 |

■ 활동 순서

① 컴퓨터가 색을 인식하는 방식을 빛의 3요소와 관련지어 살펴보고, CMYK 방식과의 차이점을 살펴보기

② 컴퓨터가 인식하는 색인 RGB 및 HEX 코드를 살펴보고, 숫자로 색을 나타내는 방법을 살펴보기

③ 엑셀 프로그램을 이용하여 RGB 코드와 HEX 코드가 서로 호환됨을 알기

④ 컴퓨터가 나타내는 숫자에 담긴 정보의 의미를 살펴보고 숫자만 보고 어떠한 색을 나타내는지 예측해보기

⑤ 모둠원이 좋아하는 색과 앞서 친구들이 냈던 문제의 크레파스 색을 코드로 찾아보기 (엑셀 프로그램 이용)

⑥ 정량적으로 색을 나타내는 것의 장점 설명해보기

■ 이렇게 활동했어요!

■ 여기서 잠깐!

1. 색상을 맞추는 활동을 하는 이유는 정성적 방법으로 색을 설명하기에 어려움이 있음을 알기 위함이다. 학생들이 하얀색, 검은색과 같이 매우 쉬운 색은 고르지 않도록 주의한다. 크레욜라 120색이 아니어도 다른 색연필이나 크레파스도 가능하다. 모둠별로 똑같은 재료를 주도록 하며, 120색보다 적은 것도 괜찮으나 24색, 36색과 같이 색의 수가 너무 적은 것은 사용하지 않는다. 정성적 방법으로 색의 이름을 맞힐 때에 마지막에는 크레파스에 적힌 색의 이름을 말해주고 답을 맞혀 본다.
2. CMYK는 우리가 일반적으로 종이에 그리거나 인쇄해서 볼 수 있는 색상을 말한다. 색을 섞을수록 검은색에 가까워진다. 컴퓨터는 빛의 3원색으로 색을 인식하는데, 빨강, 녹색, 노란색의 3가지 색이 섞일수록 하얀색에 가까워진다. 이러한 기초적인 정보를 확인하는 것은 이후 색상별 숫자의 차이에 따라 나타나는 색의 특성이 달라지기 때문이다. 개념 설명이 어려운 경우 〈색깔을 훔치는 마녀〉 동화책을 활용할 수 있다(참고문헌 참조).
3. 초등학교 고학년 학생에게 10진법과 16진법에 대한 개념은 어렵게 느껴질 수 있다. 실제 수업 과정에서는 '진법'에 대한 내용을 강조하기보다는 10진법으로 나타내는 RGB의 경우 하나의 코드로 나타내기 어려워서 3개로 쪼개서 나타내는 불편함이 있는데, 이를 하나의 코드로 나타내기 위한 과정에서 HEX 코드가 나왔음을 인식할 수 있도록 풀어서 학습하도록 한다. 본 수업을 일반 학생에게 적용하는 경우에는 각 코드에서 숫자만 보고 색상을 예측해볼 수 있는 수준에서 학습을 하되, 영재 학생에게 적용하는 경우에는 진법의 의미 또한 함께 생각해볼 수 있도록 심화할 수 있겠다.
4. 색상을 RGB와 HEX로 보는 과정은 MS사에서 교육자료로 제공하는 엑셀 프로그램을 참고로 이용할 수 있다. 해당 프로그램이 아니더라도 인터넷에 RGB와 HEX를 동시에 검색하면 색상코드를 확인할 수 있는 사이트도 많이 있으므로, 엑셀 프로그램 없이 검색을 통해 이용해도 좋다. 엑셀 자료의 경우, MS사에서 제공하는 Hacking STEM 해당 사이트에서 무료로 배포되는 자료이기 때문에 필요한 경우 직접

다운 받아서 이용하도록 한다. 해당 자료는 영어로 구성되어 있으므로 교사의 적절한 지도가 요구된다.

5. 숫자만 보고서 어떤 색이 많이 사용되었고, 해당 색이 많이 사용되는 경우 어떤 색으로 보일지 예측하는 과정을 퀴즈처럼 진행해보면서 색상에 대한 규칙을 어느 정도 느낄 수 있도록 한다.
6. 색상과 숫자 표현에만 집중하는 수업을 하고 싶다면, 120색 크레파스에 색상코드를 붙여보는 활동을 진행해도 재미있는 활동이 될 수 있다. 이 경우 MS에서 제공하는 엑셀 프로그램을 이용하여 학생들이 색을 찾고 코드를 라벨지에 적어서 붙이도록 하는 것이 좋다. 라벨을 붙일 때는 색상코드를 미리 주고 찾아서 붙이게 할 수도 있으나, 그보다는 직접 색상을 검색해서 빈 라벨지에 색상코드를 쓰고 붙이는 것이 더 나을 수 있다. 비슷한 색상계열로 분류를 한 뒤 해당 색상들의 코드를 적어서 색상의 특징을 수로 구분해보는 것도 좋은 활동이 될 수 있다. 주의할 점은 컴퓨터 프로그램에서 색상을 검색할 때, 크레욜라는 CMYK 방식으로 표현된 것이기 때문에 컴퓨터에서 본 색상과는 좀 다를 수 있다는 점이다. 해당 부분에 주의하여 색상을 수로 나타내보는 활동을 진행해보는 것도 좋은 경험이 될 수 있다.
7. 색상에 대한 수업으로 진행하는 경우 색상과 수를 연결하는 활동 이후 크레욜라를 녹여서 미술 활동과도 연계할 수 있다. 이는 '교사용 참고자료'에 제시된 영상을 참고하여 활동할 수 있을 것이다.

고학년 (활동 2)

색을 어떻게 나타낼까?

크레파스 중 모둠원이 좋아하는 색상 2가지를 선택하여 색이름을 적어보세요.
RGB와 HEX 칸은 이후에 학습 후 작성합니다.

모둠원 이름	좋아하는 색상	RGB (학습 후 작성)	HEX (학습 후 작성)

'색을 알아맞히기' 활동을 해봅시다. 각 모둠은 교실에서 문제로 낼 1가지 색을 찾고, 크레파스에서 가장 비슷한 색을 찾아보세요. 크레파스에 적힌 색의 이름을 적어보고, 다른 모둠이 이 색을 찾을 수 있도록 어떻게 설명할 수 있을지 한두 문장으로 정리하여 적어봅시다.

모둠에서 고른 색	다른 모둠에게 설명할 문장

다른 모둠이 설명하는 색을 잘 듣고, 어떤 색을 뜻하는지 찾아보세요.

모둠명	우리 모둠이 찾은 색

설명한 색상과 실제로 고른 색상은 얼마나 비슷한가요?
설명만 듣고 찾기 쉬웠나요? 어려웠나요?
다른 사람에게 간단 명료하게 색상을 전달하는 방법은 무엇이 있을까요?
활동을 진행한 뒤 느낌이나 생각을 적어봅시다.

컴퓨터가 색을 인식하는 RGB를 알아보고, 엑셀 프로그램을 이용하여 특징을 살펴봅시다.

RGB의 R은 (　　　)색, G는 (　　　)색, B는 (　　　)색을 뜻합니다. RGB의 색이 섞일수록 (　　　)색에 가까워집니다.

1) R에 255를 입력하고, G와 B에 0을 입력하면 어떤 색이 보이나요?	
2) G에 255를 입력하고, R과 B에 0을 입력하면 어떤 색이 보이나요?	
3) B에 255를 입력하고, R과 G에 0을 입력하면 어떤 색이 보이나요?	
4) 숫자값을 조금씩 줄이면 색이 어떻게 보이나요? 어떤 규칙성이 있나요?	
5) R, G, B에 동일한 숫자값을 입력하면 색상은 어떻게 되나요?	

RGB보다 색을 더 단순하게 나타낼 수는 없을까요? HEX로 색을 나타내는 방법을 알아봅시다.

① HEX는 색을 어떻게 숫자로 표현할까요?

숫자 앞은 #를 표시하고, RGB 순서와 동일하게 맨 앞 숫자 2자리는 (　　　)색, 중간은 (　　　)색, 마지막은 (　　　)색을 나타냅니다.

② HEX CODE KEY

- 우리는 0부터 9까지의 수를 이용하기 때문에 9를 넘는 숫자를 10을 쓰지 않고 사용하려면 알파벳을 이용하기도 합니다.

0=0	1=1	2=2	3=3	4=4	5=5	6=6	7=7
8=8	9=9	A=10	(　　)=11	(　　)=12	D=13	E=14	(　　)=15

교수 · 학습 과정안(3-4차시)

활동명	다양한 생물군계가 나타내는 색
활동주제	다양한 생물군계가 나타내는 색 이해하기
학습목표	1. 지구에 존재하는 다양한 생물군계의 색상을 설명할 수 있다. 2. 생물군계가 나타내는 색상과 환경요소와의 관계를 연결지어 설명할 수 있다.

활동 1 생물군계의 색은 어떻게 나타날까?

| 지상 생물군계 종류 및 색의 특징 살펴보기 |

■ 활동 순서

① 생물군계가 무엇을 의미하는지 영상을 통해 살펴보고, 7가지 지상 생물군계(열대림, 사막, 초원, 온대림, 침엽수림, 사바나(대초원), 툰드라(동토대))가 무엇을 의미하는지 알아보기

② 엑셀 프로그램 자료를 통해 위성 사진과 기온, 강수량의 사진을 비교해보고, 각 사진에서 어떠한 공통점과 차이점이 있는지 설명해보기

■ 이렇게 활동했어요!

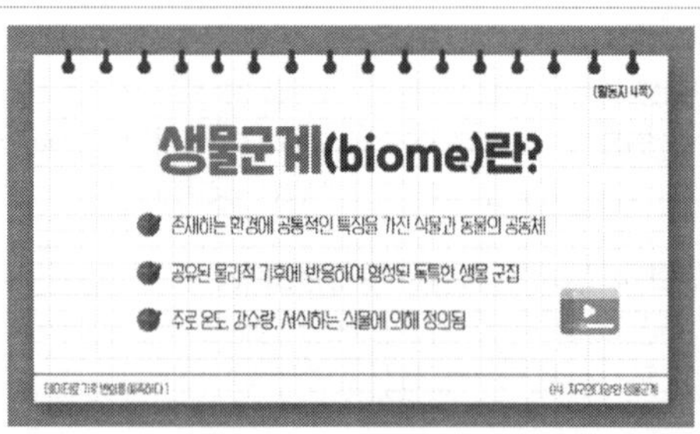

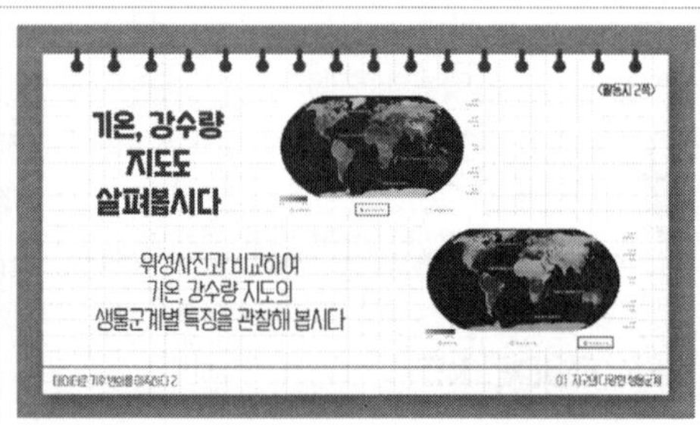

■ 여기서 잠깐!

1. 본 수업에서는 '생물군계'라는 용어를 사용하였는데, 이는 MS사에서 제공하는 자료의 구분을 참고하였다. Biomes라는 용어를 쉽게 풀이할 만한 용어를 찾지 못하여 사전적 용어를 사용하였다. 생물군계라 함은 '존재하는 환경에 공통된 특징을 가지는 식물과 동물의 공동체'를 의미한다. 지구의 생태계와 색에 관한 연관성을 환경 요소와 연관지어 확인해보기 위한 수업 내용으로, 일반 학생에게 너무 어렵다고 생각되면 학생 중심의 탐구방식보다 교사가 질문하고 반응을 이끌어내는 방식으로 진행할 수도 있다. 영재 학생에게는 해당 개념을 영상을 통해 살펴보고, 특징을 살펴보는 수업이 가능하다.
2. 여기에서 사용하는 엑셀 프로그램은 MS사에서 제공하는 엑셀 자료로, 해당 사이트에서 무료로 배포되는 자료이기 때문에 필요한 경우 직접 다운 받아서 이용하도록 한다.

3. 활동 1에서는 간단하게 기온과 강수량에 따라 더 진하고 더 옅은 부분을 살펴보면서 위성 사진에서는 해당 부분이 어떠한 색으로 나타나는지 비교해보고 기후적인 요소의 영향을 짐작해보는 수준으로 진행한다.

고학년
(활동 1)

생물군계의 색은 어떻게 나타날까?

지구의 지상(육지)에는 다음과 같은 생물군계가 있습니다.
영상과 선생님 설명을 들으면서 특징을 간단히 정리해 봅시다.

생물군계	특징
열대우림	1년 내내 ( )가 내려서 (춥고 / 덥고) (건조해요 / 습해요). 숲이 지붕 모양으로 우거져 있어요.
사막	( )가 거의 내리지 않아 모든 생물군계에서 가장 ( )한 곳이에요. 사막의 ( )는 낮부터 밤까지 크게 변할 수 있어요.
초원	일반적으로 개방적이고 연속적이며, 대부분 ( )한 ( )에요.
온대림	( )을 거치기 때문에 나뭇잎의 색이 변하기도 하고 떨어지기도 해요.
한대림	춥고, 길고, 눈이 많이 오는 ( )과 따뜻하고 습한 ( )만 있어요.
사바나	나무가 충분히 있지만, 열대우림처럼 우거지지는 않아서 ( )와 ( )이 혼합되어 있어요.
툰드라(동토대)	가장 (더운 / 추운) 생물군계로, 강수량이 적어 ( )과 비슷해요. 세계 어느 곳에서나 매우 높은 산꼭대기나 북극에서 볼 수 있고, '얼어붙은 땅'이라는 의미를 가지고 있어요.

엑셀 프로그램의 위성사진, 기온, 강수량 사진을 비교해보면서 나타나는 공통점과 차이점을 찾아봅시다.

활동 2 색과 환경은 어떤 관련이 있을까?

| 생물군계별 색상 특징과 환경요소와의 관계 연결지어보기 |

■ 활동 순서

① 엑셀 프로그램에서 각 생물군계의 기온과 강수량 정보를 확인해보기

② 온도와 강수량 데이터를 보면서 매년 가장 일정한 색상을 가질 것으로 예상되는 생물군계를 찾아보고 이유를 말해보기

③ 온도와 강수량 데이터를 보면서 매년 가장 변화가 클 것으로 예상되는 생물군계를 찾아보고 이유를 말해보기

④ 모둠별로 생물군계를 1-2개씩 나누고, 분기별로 생물군계의 연간 색 변화가 어떻게 나타나는지 HEX코드를 이용하여 살펴보기(모둠에서 선택하지 않은 생물군계의 특징은 교사가 정리하여 설명해줌)

⑤ 어떠한 요인 때문에 색상의 변화가 나타나는지 환경적 요인을 생각하며 관계를 연결지어 설명해보기

■ 이렇게 활동했어요!

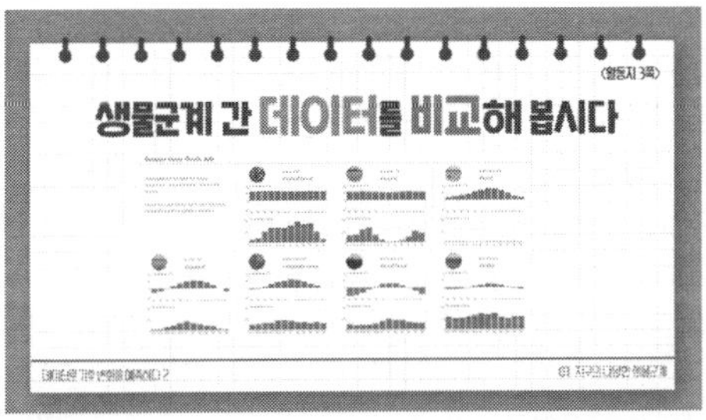

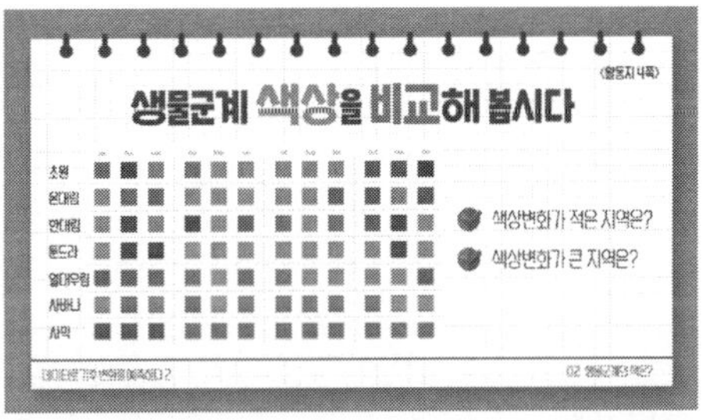

■ 여기서 잠깐!

1. 본 활동에서는 엑셀 자료에 제시된 정보를 토대로 생물군계와 환경적 요인과의 관계를 더욱 깊이 탐구해 보는 시간을 가지게 된다. 학생들이 컴퓨터에 익숙하지 않다면 자료에서 색을 확인하는 과정이 매우 긴 시간이 될 수 있다. 전체적으로 본 수업 전에 간단하게 엑셀의 사용법을 익힐 수 있는 정도로 컴퓨터 사용이 가능하면 좋으나, 힘든 경우 모둠별로 컴퓨터 사용이 능숙한 학생을 위주로 모둠이 함께 문제를 해결해 나가도록 모둠원을 배정할 때 참고로 해야 할 것이다. 생물군계의 선택은 1-2개로 제시하였으나, 1개를 탐구하는 수준에서 진행하며 학생들이 선택하지 않은 생물군계는 교사가 특징을 제시하는 것으로 진행한다.
2. 단순히 색상의 변화만 관심을 두는 것이 아니라, 변화의 원인에 대해서 생각해보도록 한다.

고학년 (활동 2)

색과 환경은 어떤 관련이 있을까?

엑셀 프로그램에서 생물군계 간 데이터를 비교해보면서, 다음의 물음에 답해봅시다.

1) 온도와 강수량 데이터를 바탕으로 매년 가장 일정한 색으로 나타날 것 같은 생물군계 지역을 찾아보세요. 어떤 지역의 색상이 비교적 일정하게 나타날까요? 왜 그럴까요?
2) 온도와 강수량 데이터를 바탕으로 매년 가장 색상 변화가 클 것으로 예상되는 생물군계 지역을 찾아보세요. 어떤 지역의 색상이 비교적 변화가 클까요? 왜 그럴까요?

모둠에서 탐구하고 싶은 생물군계를 1-2가지 선택하여 대표적인 색상을 수로 적어보고, 1년간 색상이 어떻게 변화하는지 HEX의 숫자 규칙을 이용하여 탐구해 봅시다.

분기	우리 모둠이 선택한 생물군계 대표 색상(HEX 코드)					
1분기 (1~3월)	#	#	#	#	#	#
2분기 (4~6월)	#	#	#	#	#	#
3분기 (7~9월)	#	#	#	#	#	#
4분기 (10~12월)	#	#	#	#	#	#
특징						

* 다른 모둠의 탐구 결과를 보면서 생물군계별 특징을 비교해 봅시다.

교수·학습 과정안(5-6차시)

활동명	지구의 색 변화로 기후 변화 예측하기
활동주제	지구의 변화를 색의 변화와 연결지어 예측하고 설명하기
학습목표	1. 자료에서 색상 정보를 추출하여 자료로 정리할 수 있다. 2. 앞으로의 기후 변화를 예측할 수 있다. 3. 변화와 관련하여 인간에게는 어떠한 노력이 필요한지 생각을 말할 수 있다.

활동 1 이건 어떤 색일까?

| 사진이나 그림에서 색 정보 추출하기 |

■ 활동 순서

① 에스캡쳐 프로그램을 다운로드하여 실행하고, 파워포인트 프로그램을 실행하기

② 에스캡쳐 프로그램으로 색상을 추출하려는 사진이나 그림을 캡쳐하여 파워포인트로 옮기는 방법을 배우기

③ 에스캡쳐의 색상추출 기능을 이용하여 색을 인식하는 방법과 파워포인트의 스포이드 기능을 이용하여 대표 색상을 선택한 뒤 에스캡쳐의 색상추출 기능을 이용하여 색의 정보를 모으는 방법 배우기

■ 여기서 잠깐!

1. 에스캡쳐에 대한 설명은 교사용 참고자료에서 확인할 수 있다. 에스캡쳐의 기능만으로도 색상추출이 가능하나, 학생들이 색상을 보다 시각적으로 인식하기 위해서는 파워포인트에서 교사가 간단한 틀을 제시해주어 색상을 시각적으로 확인하면서 RGB 혹은 HEX 정보를 파악하도록 하는 것이 도움이 될 수 있다. 파워포인트에 동그라미나 네모와 같은 도형을 몇 개 집어넣고, 사진이나 그림에서 나타나는 대표 색상을 파워포인트 스포이드 기능을 이용하여 주어진 도형에 색을 채워 넣는다. 채워넣은 색에 에스캡쳐의 색상추출 기능을 이용하면 바로 RGB와 HEX 정보 확인이 가능하다. 파워포인트에서도 색에 대한 RGB와 HEX 정보 확인이 가능하지만 여러 번 메뉴를 클릭해야 하는 번거로움이 있기 때문에 색상정보는 에스캡쳐로 확인하는 것을 추천한다. 또한, 굳이 해당 프로그램이 아니더라도 색상추출이나 캡쳐에 도움이 되는 다른 프로그램이 있다면 교사의 판단하에 사용할 수 있을 것이다.
2. 이 활동은 이후 기후를 예측하기 위해 데이터를 모으는 과정에서 필수적으로 요구되는 기능이기 때문에 기능의 학습이 잘 이루어질 수 있도록 학생들에게 충분히 안내한다.

활동 2 지역의 과거와 미래를 탐구해요

| 지역의 과거와 미래를 색을 이용하여 탐구하기 |

■ 활동 순서

① 구글 타임랩스를 검색창에 치거나 교사가 링크를 걸어 해당 사이트로 들어가기

② 구글 타임랩스의 기능을 살펴보기. 우리나라를 먼저 클릭해서 연도별로 어떻게 보이는지 살펴보고, 관심 있는 나라들을 클릭하여 연도별 변화를 살펴보기

③ 기후변화와 관련하여 조사해보고 싶은 지역을 선정하기

④ 지역의 변화를 몇 년 단위로 조사할 것인지 결정하고, 해당연도를 클릭하여 사진을 캡쳐하여 파워포인트에 옮기기

⑤ 연도별로 대표 색상을 추출하고, 표에 색상 정보를 HEX 코드로 기록하기

⑥ 자료를 정리한 뒤 색상코드의 변화의 특징을 분석하고, 앞으로의 변화를 예측하여 파워포인트로 정리하기

■ 이렇게 활동했어요!

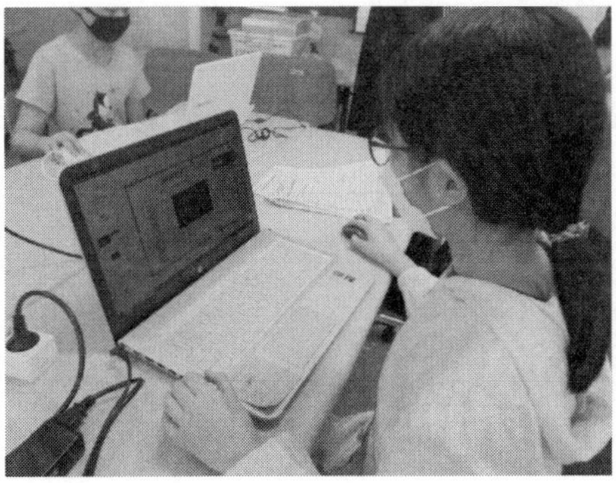

■ 여기서 잠깐!

1. 구글 타임랩스를 켜고, 자유롭게 지도를 살펴보면서 기능을 익히도록 하여 학생들의 흥미와 관심을 불러일으킨다.
2. 구글 타임랩스로 지역의 변화를 살펴볼 때, 지역이 너무 세세한 경우 변화 차이가 잘 보이지 않을 수 있다. 예를 들어 '서대문구'와 같은 좁은 지역을 확대하여 조사하는 경우 연도별 변화가 미미하여 결과적으로 큰 변화가 없다는 반응이 나올 수 있다. 조사를 할 때에는 '시'나 '도', 각 국가의 '도시'를 중심으로 살펴볼 수 있도록 하여 거시적인 관점에서 변화를 관찰해볼 수 있도록 안내한다.
3. 지역의 변화 내용을 살펴볼 때, 1년을 주기로 매년마다 변화를 조사할 수도 있지만, 5년 단위, 10년 단위 등 기준을 어떻게 두느냐에 따라서 조사하는 내용이 조금씩 달라진다. 학생들이 기능이 익숙하지는 않기 때문에 1년 단위로 조사하는 데에는 많은 시간이 걸린다. 단위는 5년이나 10년으로 조사해보기를 권장한다.
4. 이 활동은 개인별 활동으로도 진행 가능하며, 모둠별 활동으로 진행 가능하다. 개인별로 진행하는 경우 3번에서 언급한 바와 같이 조사 시간이 많이 소요되므로 5년이나 10년 단위 조사를 권장하나, 모둠별로 진행하는 경우 지역을 1-2개 선정한 뒤 1년이나 2년 단위로 조사하는 것도 가능할 것이다. 다만, 색상을 선정하여 코드를 조사하는 것은 모둠원이 일정한 기준을 가지고 조사하도록 사전에 모둠원이 공통된 규칙을 논의하는 것이 필요할 것이다. 모둠별 활동으로 진행하는 경우 활동지를 '모둠' 조사 활동지로 변경하여 사용하도록 한다.

고학년 (활동 2)

지역과 과거의 미래를 탐구해요

내가 탐구하고 싶은 지역을 선정하고, 구글 타임랩스를 이용하여 연도별로 색상을 추출하여 데이터를 모아봅시다.

① 내가 선정한 지역은 어디인가요? ____

② 지역의 변화를 조사하기 위해서 몇 년마다 사진을 살펴보면 좋을까요? ______________년

③ 구글 타임랩스를 실행하고 내가 조사하기로 결정한 연도를 선택하여 사진을 캡쳐하고, 파워포인트에 사진을 붙여넣기 하고 대표 색상 정보를 모아봅시다.

조사연도	대표색상 정보(HEX)				
(　　　)년 대표색상	#	#	#	#	#
(　　　)년 대표색상	#	#	#	#	#
(　　　)년 대표색상	#	#	#	#	#
(　　　)년 대표색상	#	#	#	#	#
(　　　)년 대표색상	#	#	#	#	#
(　　　)년 대표색상	#	#	#	#	#
(　　　)년 대표색상	#	#	#	#	#

* 색상 조사 칸은 모두 채우지 않아도 됩니다. 대표 색상의 개수에 따라 적어보세요.

④ 조사한 지역의 색상 데이터를 조사한 결과 변화의 특징은 어떠한가요?

⑤ 색상이 변화했다면, 변화의 원인은 무엇이라고 생각하나요?

활동 3 지구를 위해 우리가 할 수 있는 일

| 지구의 변화를 위해 우리가 할 수 있는 일 나누기 |

■ 활동 순서

① 친구들의 구글 타임랩스 분석 자료를 서로 공유하기

② 앞으로 지구의 변화에 대해 이야기해보기

③ 교사와 읽기자료를 함께 읽어보기

④ 지구의 기후 변화와 관련해서 어떤 노력이 필요할지 모둠별로 의견을 공유하고 전체 의견 나누기

⑤ 학생들이 스스로 노력할 수 있는 부분은 무엇이 있는지 생각해보고, 관련된 환경 문제를 생각해보기

■ 여기서 잠깐!

1. 이 활동은 환경과 관련된 문제로, 사회적인 이슈나 도덕적인 문제와 함께 다룰 수도 있을 것이다. 이 활동을 중심적으로 다루고 싶은 경우 학생들이 할 수 있는 일을 생각해보고 포스터를 만들거나 캠페인 활동을 하는 방식으로 학생 중심 활동으로 전개할 수도 있다.
2. 본 수업은 데이터를 이용하여 활동하는 것이 주요한 활동이기 때문에 앞으로의 변화와 관련해서 할 수 있는 일들을 공유할 때 분석한 데이터에 기반해서 이야기를 나눌 수 있도록 안내한다.

교사용 참고 자료

Microsoft Hacking STEM Lesson Plan 중 'Analyzing the astronauts' photos of Earth to predict climate change'

링크 주소: https://education.microsoft.com/en-us/hackingStem/lesson/ea66287d

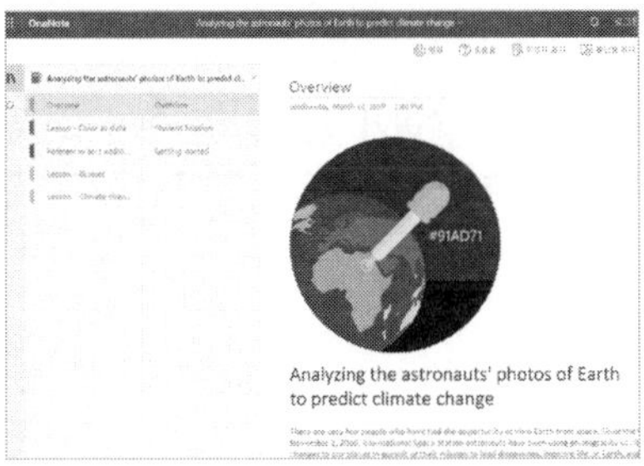

Microsoft사는 교육자들을 위해 다양한 융합수업에 관한 아이디어와 자료를 제공하고 있으며, 본 수업은 MS사에서 제공하는 엑셀 프로그램을 이용하였다. 색과 수를 연결시키고, 이를 환경과 관련짓는 큰 아이디어는 해당 프로그램과 관련이 되나, 구체적인 방법이나 방향은 다르게 구성되었다. MS사의 수업 계획은 중학교 이후 학생들에게 적합하도록 구성되었기 때문에 본 수업에서는 이를 초등학생에 적합하도록 교육과정 및 내용 부분을 대폭 수정하였다. 수업에 필요한 엑셀 프로그램은 해당 사이트에서 다운로드할 수 있다. 본 수업 주제와 관련해서 수업 내용을 변형하거나, 다른 자료들을 참고하고 싶다면 해당 사이트에 들어가서 제공되는 자료들을 살펴보면 도움이 될 수 있을 것이다.

1-2차시 관련 영상 및 읽기자료

1. [영상시청] [FTV] 전문가와 함께하는 해양상식 바다는 왜 파란색일까요
   링크 주소: https://youtu.be/KUqJgLwzPos

바다의 색과 관련된 영상을 시청하면서 바다의 색이 파란색으로 보이는 이유를 살펴보며 색에 대한 관심을 유도한다.

2. [읽기자료 1] 기후 변화로 바다색깔 바뀐다.
   링크 주소:
   http://www.astronomer.rocks/news/articleView.html?idxno=87069
3. [읽기자료 2] 기후변화...바다의 색도 바꾸고 있다.
   링크 주소:
   https://www.thedailypost.kr/news/articleView.html?idxno=66240
4. [영상 시청] Rising temperatures could change the ocean's color, study finds
   링크 주소: https://youtu.be/G9-MS7mFttk
5. [영상 시청] 식물성 플랑크톤 두 얼굴...북극 온난화 증폭/YTN
   링크 주소: https://youtu.be/-niNB7QJBiw

읽기자료 1, 2는 2019년도 Nature Communications 학술지(참고문헌에서 참조)에 실린 내용을 토대로 우리나라에서 언급된 기사문에 대한 내용이다. 해당 기사문을 살펴보면 바다의 색 변화는 플랑크톤과 관계되며, 플랑크톤은 해양 먹이사슬 맨 아래에 위치해 있기 때문에 플랑크톤의 변화는 지구 전체의 변화를 의미하는 것이기도 하다. 짙은 파란색을 띠는 것은 식물성 플랑크톤이 거의 없음을, 청록색에 가까울수록 플랑크톤이 많음을 의미한다. 현재 지구 온난화로 인해 2100년이면 바다색의 절반이 바뀔 것으로 예상되고 있다. 관련 영상도 시청하면 시각적으로 도움이 될 수 있다. 영어 제목으로 된 영상은 한글 자막을 켜고 중간 중간 교사가 설명해 주면 학생들이 읽기자료를 읽었기 때문에 이해할 수 있다. 식물성 플랑크톤에 대한 이해를 돕기 위해 뉴스 영상을 시청하는 것도 도움이 될 수 있다.

6. [읽기자료 3] 바다의 색은 왜 다양할까?
링크 주소: https://m.blog.naver.com/PostView.nhn?blogId=koreamof&logNo=221260392316&proxyReferer=https:%2F%2Fwww.google.com%2F

앞서 바다의 색은 왜 파란색일까에 대한 영상을 살펴봤지만, 바다의 색이 다양하게 보일 수 있고, 어떠한 원인에 의해 색이 다양하게 변할 수 있는지도 읽기자료를 통해 살펴본다.

3-4차시 관련 영상자료

[영상시청] Terrestrial Biomes and Ecosystems
링크 주소: https://youtu.be/4kQSXIWsUtg

'생물군계'라는 용어가 생소할 수 있기 때문에 영상자료를 살펴보도록 한다.

5-6차시 관련 읽기자료

[읽기자료] The changing colors of our living planet
링크 주소: https://climate.nasa.gov/news/2652/the-changing-colors-of-our-living-planet/

해당 자료는 영어로 되어 있기 때문에 번역하여 자료를 제시해 줄 필요가 있다. QR코드에 번역한 자료를 제시하였으나 번역이 매끄럽지 않은 부분이 있을 수 있으니, 교사가 필요한 부분을 발췌하거나 따로 제작하여 사용할 수 있을 것이다. 우주에서 지구를 관찰하고 분석하는 것이 색과 관련하여 어떠한 의미가 있는지 생각해볼 수 있는데, 일반학급에서는 읽기 자료의 제공이 어려울 수 있기 때문에 영재학급 등 학생들의 수준에 따라 해당 자료의 제공 여부를 교사가 결정하여 이용하면 좋겠다.

색깔을 훔치는 마녀

〈활동 1〉과 관련해서 초등학생들은 CMYK와 RGB 방식에 대해서 설명만으로는 이해하기 어려울 수 있다. 이 동화책은 마녀가 색을 훔치는 내용을 담고 있는데, 처음에는 여러 가지 색을 훔치다가 옷이 검은색으로 변하게 된다. 이는 CMYK의 특징으로 설명될 수 있다. 자연스럽게 우리가 일반적으로 크레파스나 물감으로 칠하는 색들은 섞을수록 검은색이 된다는 것을 설명하기 용이하다. 한편, 마녀는 예쁜 색을 원했기 때문에 다시 빛의 색을 모으게 된다. 마찬가지로 색에 욕심을 내면서 점점 많은 색을 훔치게 되는데, 이번에는 하얀색으로 변하게 된다. 이는 컴퓨터가 색을 인식하는 방식인 RGB의 특징과 관련지어 설명할 수 있겠다. 해당 내용이 수업의 주요 내용이 되는 것은 아니지만, 기본적인 개념을 설명할 때 도움이 될 수 있으며, 유튜브에서도 영상을 볼 수 있기에 참고하면 좋을 것이다.

에스캡쳐 프로그램

링크 주소: https://www.smemo.co.kr/scapture/index.html

에스캡쳐
쉽고 빠른 캡쳐 프로그램

프리웨어로, 간단하게 화면을 캡쳐할 수 있는 프로그램이며, 색상추출 기능이 있어 화면에 스포이드를 가져가면 해당 색상의 코드를 RGB와 HEX로 바로 확인할 수 있다. 해당 사이트나 네이버 소프트웨어에서 검색하여 다운이 가능하다. 학생들이 위성 사진에서 색상을 추출할 때 색상추출 칸을 바로 이용할 수도 있지만, 초등학생 수준에서 보다 안정적으로 색상을 추출하기 위해서는 파워포인트를 함께 활용하는 것이 권장된다. 사진을 캡쳐하여 파워포인트에 붙여넣기 한 뒤, 파워포인트의 스포이드 기능을 이용하여 분석하려는 색상을 몇 가지 추출하고, 에스캡쳐의 색상추출 도구로 한 번 더 확인하면 색상을 보다 정확하고 쉽게 확인할 수 있다. 캡쳐 도구의 사용이 직관적이어서 아이들이 금세 적응하며, 캡쳐할 때에는 여러 메뉴가 보이는데 '영역', '클립보드 복사'로 체크해두고 사용하면 된다. '이미지로 저장'이나 '메모로 저장'이 체크되어 있는 경우 저장하려는 창이 계속 떠서 학생들이 질문할 수 있으므로 유의한다.

크레파스를 이용한 만들기

[영상] 크레용을 이용한 21가지 멋진 DIY　　링크 주소: https://youtu.be/9M50jp2YQjs

기후변화보다는 숫자와 색상에만 집중해서 간단하게 활동을 진행하고 싶다면, 미술과 연계하여 수업을 진행할 수도 있다. 크레파스의 녹는점을 이용하여 그림으로 표현할 수도 있는데, 영상에 나온 그림처럼 이용하거나, 수학에서는 숫자를 이용한 그림으로 응용해도 좋을 것이다. 크레파스 가루 위에 종이를 덧대고 다림질을 하면 천이나 도화지에 묻어나기 때문에 이러한 성질을 이용하여 에코백 꾸미기 등을 진행할 수도 있다. 또는 크레파스로 양초만들기를 진행해도 과학과 미술이 연계된 재미있는 활동이 될 수 있을 것이다.

구글 타임랩스

링크 주소: https://earthengine.google.com/timelapse/

구글에서 제공하는 위성사진으로, 1984년도부터 연도별로 위성사진의 변화 모습을 확인할 수 있다. 지역의 변화에 대한 정보는 타임랩스의 위성 사진을 이용하여 캡쳐한 뒤 색상을 추출하여 데이터를 수집하여 분석할 수 있다.

참고문헌

이문영(2004). 색깔을 훔치는 마녀. 서울: 비룡소.

Dutkiewicz, S., Hickman, A. E., Jahn, O., Henson, S., Beaulieu, C., & Monier, E. (2019). Ocean colour signature of climate change. Nature Communications, 10, 578 (2019). https://doi.org/10.1038/s41467-019-08457-x.

C-2 고학년(5~6학년군)

가상현실 갤러리

활동 개요

본 활동은 입체 영상의 원리에 대한 과학적 이해와 입체도형에 대한 수학적 이해를 통합적으로 활용하여 창의적인 건축물을 만들어 갤러리를 꾸미고 앱으로 360도 촬영을 하여 가상현실 갤러리를 감상하는 활동으로 구성되어 있다.

첫 번째 활동에서는 안경을 착용하는 적청안경 방식과 안경을 착용하지 않는 플로팅 홀로그램을 체험해 봄으로써 입체 영상 기술의 원리를 파악한다.

두 번째 활동에서는 증강현실을 이용하여 입체도형과 다면체를 다양한 각도에서 탐색해 보면서 각 도형의 특징을 이해할 수 있다.

세 번째 활동에서는 가상현실을 체험해 볼 수 있는 헤드셋인 카드보드를 제작하고, 스마트폰을 장착하여 가상현실 앱을 이용하여 가상현실을 체험해 본다.

마지막 활동에서는 다면체를 이용한 창의적인 입체 전시물을 구성하고 마지막으로 앞서 학습한 가상현실 기술을 이용하여 가상현실 갤러리를 만드는 활동으로 구성되어 있다. 이를 통해 입체 영상에 대한 과학적 탐구능력과 입체도형 탐구를 통한 수학적 추론능력을 기르게 될 것이다.

<table>
<tr><th rowspan="5">활동 내용</th><th>차시</th><th>주요 활동 내용</th></tr>
<tr><td>1</td><td>입체 영상의 원리 이해를 이해하고 홀로그램 체험하기
- 입체 영상기술의 원리 이해하기
- 적청안경의 원리를 이해하고 입체도형을 관찰하기
- 홀로그램의 원리를 이해하고 간단한 홀로그램 장치를 만들어 영상 관찰하기</td></tr>
<tr><td>2</td><td>증강현실 앱을 활용한 입체도형 관찰하기
- 증강현실의 원리 알아보기
- 증강현실을 이용하여 입체도형 탐색하기
- 증강현실을 이용하여 정다면체 탐색하기</td></tr>
<tr><td>3</td><td>가상현실의 원리 이해와 카드보드 제작하기
- 가상현실의 개념 이해하기
- 스마트폰에서 사용하는 센서들을 알아보고 카드보드 만들기
- 카드보드 앱을 이용하여 가상현실 체험하기</td></tr>
<tr><td>4</td><td>창의적 전시물 만들기와 가상현실 갤러리 만들기
- 여러 가지 도형과 구조를 활용하여 전시물을 구상하기
- 주어진 재료를 이용하여 튼튼하면서도 창의적인 건축물 구성하기
- 가상현실 갤러리 만들기</td></tr>
<tr><th>준비물</th><td colspan="2">적청안경(종이안경과 칼라셀로판지), 전개도가 인쇄된 OHP, 가위, 스카치테이프, 스마트폰, 색연필, 카드보드 전개도, 렌즈, 자석, 벨크로테이프, 네오픽스</td></tr>
</table>

융합적 요소 및 교육과정과의 연계성

수학

▶ 해당 학년군 : 5-6학년군
- 2학년 1학기 여러 가지 도형
- 6학년 1학기 각기둥과 각뿔
- 6학년 2학기 원기둥, 원뿔, 구
- 중학교 1~3학년 평면도형과 입체도형

• 성취 기준

[4수02-05] 평면도형의 이동을 이용하여 규칙적인 무늬를 꾸밀 수 있다.
[4수04-01] 다양한 변화 규칙을 찾아 설명하고, 그 규칙을 수나 식으로 나타낼 수 있다.

• 융합적 요소

수학적 추론 능력
- 평면도형의 모양을 이용하여 입체도형의 모양을 추론하기
- 건축물에 이용되는 도형의 특징을 추론하기

개념 및 원리의 이해
- 각기둥, 각뿔의 개념과 요소를 이해하기
- 정다면체의 종류와 요소를 이해하기

문제해결 및 의사소통
- 여러 가지 도형의 성질 및 구조를 이용하여 제한된 재료만을 이용하여 전시물을 제작하기

+

과학

▶ 해당 학년군 : 5-6학년군
- 6학년 2학기 우리 몸의 구조와 기능
- 중학교 1~3학년 자극과 반응

• 성취 기준

[6과16-03] 감각기관의 종류, 위치, 생김새, 기능을 알고 자극이 전달되는 과정을 설명할 수 있다.
[9과20-01] 눈, 귀, 코, 혀, 피부 감각기의 구조와 기능을 이해하고 자극의 종류에 따라 감각기를 통해 뇌로 전달되는 과정을 설명할 수 있다.

• 융합적 요소

기본 개념 이해
- 눈은 시각 정보를 수집하여 뇌로 전달하여 우리가 본 것을 인식함을 이해하기
- 신체에 감지된 서로 다른 자극이 신경계를 거쳐 반응함으로써 환경변화에 대처할 수 있음을 이해하기

현상에 대한 관심
- 눈과 뇌가 인식하는 것의 차이를 이용하는 입체영상에 대해 관심 갖기

과학적 탐구 능력
- 가상현실 기술을 활용하여 가상현실 갤러리를 구현하기

교수·학습 과정안(1차시)

활동명	움직이는 그림
활동주제	입체 영상의 원리를 이해하고 홀로그램 체험하기
학습목표	1. 입체 영상의 원리를 이해하고 입체도형 관찰에 적청안경을 이용할 수 있다. 2. 빛의 반사를 이용한 홀로그램의 원리를 설명할 수 있다.

활동 1 적청안경 착용하고 주변 둘러보기

| 안경 방식: 적청안경 착용 |

■ 활동 순서

① 적청안경의 원리를 알아본다.

② 적청안경을 착용하고 3D 동영상을 관람한다.

③ 적청안경을 착용하고 입체도형을 관찰한다.

■ 이렇게 활동했어요!

활동 2 유사 홀로그램 체험하기

| 무안경 방식: 플로팅 홀로그램 |

■ 활동 순서

① 전개도를 살펴보고 만들었을 때의 모양을 예측해본다.

② OHP에 인쇄된 전개도를 자르고 접어 피라미드 형태를 만든다.

③ 스마트폰의 홀로그램용 동영상을 켜고 피라미드 장치를 올리고 감상한다.

■ 이렇게 활동했어요!

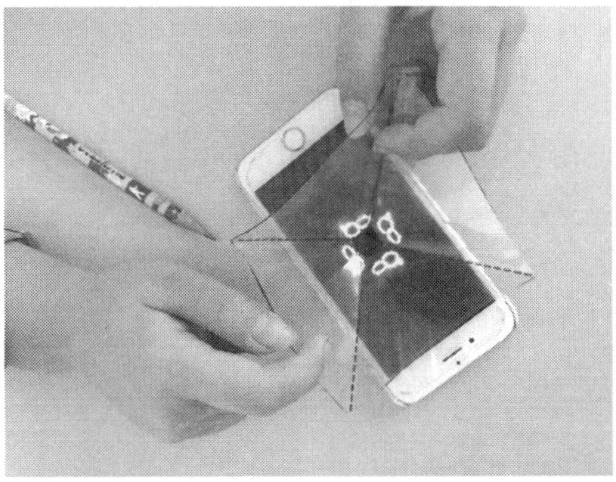

고학년
(활동 2)

움직이는 그림

피라미드형 홀로그램 장치를 만들어 봅시다.

① 아래 전개도의 실선을 따라 OHP를 자르세요.

② 점선 부분은 접어요.

③ 가장자리를 스카치테이프로 붙여서 피라미드 모양의 장치를 완성해요.

④ 스마트폰의 홀로그램 영상을 켜고 장치를 올려놓고 3차원 영상을 감상해요.

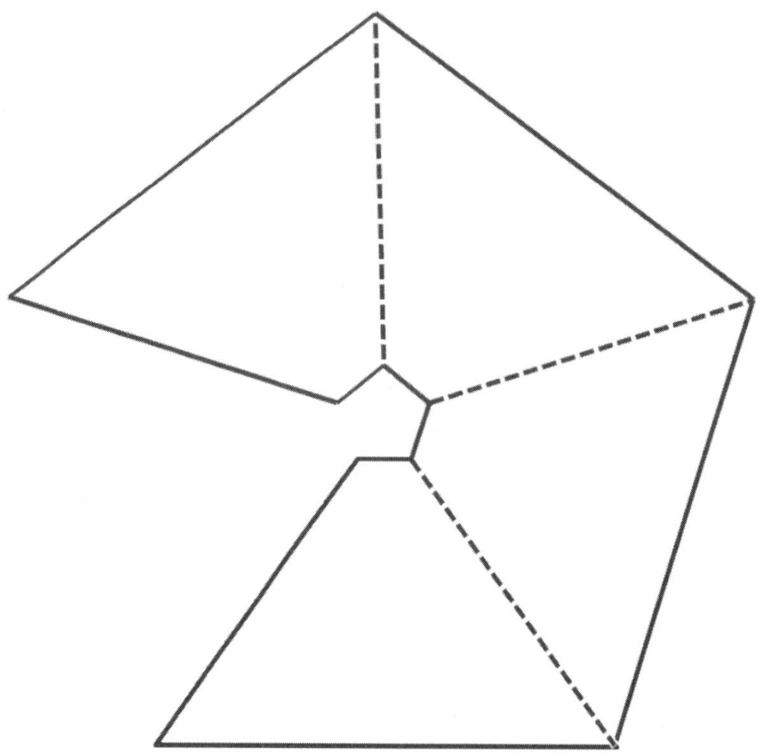

교수·학습 과정안(2차시)

활동명	입체도형과 정다면체
활동주제	증강현실 앱을 활용한 입체도형 관찰하기
학습목표	1. 가상현실과 증강현실의 차이를 구분할 수 있다. 2. 증강현실의 원리를 이해하고 증강현실 앱을 활용하여 입체도형을 탐구할 수 있다

활동 1 증강현실을 이용하여 입체도형 탐색하기

| 각기둥과 각뿔의 개념 알아보기 |

■ 활동 순서

① '증강현실로 배우는 3D입체도형' 앱을 활용하여 마커를 인식하고 시작한다.

② 탐구하고 싶은 각기둥이나 각뿔을 선택하고 증강현실을 통해 관찰한다.

③ 제시한 조건을 만족한 입체도형을 찾는 퀴즈를 풀어본다.

■ 이렇게 활동했어요!

활동 2 증강현실을 이용하여 정다면체 탐색하기

| 정다면체의 개념 알아보기 |

■ 활동 순서

① 활동지의 정다면체 겨냥도를 색칠한다.

② 'Quiver-3D 컬러링 앱'을 활용하여 활동지의 정다면체 그림을 인식한다.

③ 각 정다면체를 증강현실을 이용하여 관찰하고 탐구한다.

■ 이렇게 활동했어요!

고학년 (활동 2)

증강현실 속의 정다면체와 입체도형

'증강현실로 배우는 3D 입체도형' 앱의 증강현실을 실행하기 위해 아래의 마커를 인식시켜 봅시다.

증강현실을 이용하여 탐구하고 싶은 각기둥과 각뿔을 살펴보세요.

- 표의 빈칸을 채워 보세요.

입체도형	한 밑면의 변의 수	면의 수	모서리의 수	꼭짓점의 수
(　　)각기둥				
(　　)각기둥				
(　　)각기둥				

- 각기둥의 옆면은 어떤 모양일까요?

- '모서리의 수'는 '한 밑면의 변의 수'와 어떤 규칙이 있을까요?

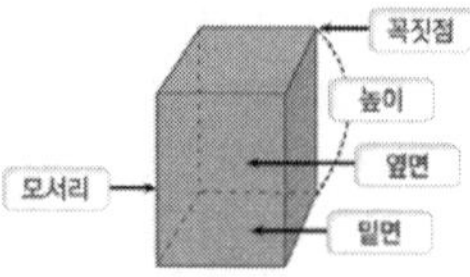

- 표의 빈칸을 채워 보세요.

입체도형	밑면의 모양	한 밑면의 변의 수	모서리의 수	꼭짓점의 수
(　　)각뿔				
(　　)각뿔				
(　　)각뿔				

- 각뿔의 옆면은 어떤 모양일까요?

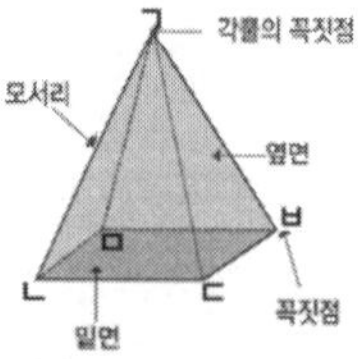

- 이 입체도형은 옆면은 삼각형이고 모두 10개의 모서리로 둘러싸여 있고 6개의 꼭짓점이 있어요. 어떤 도형일까요?

증강현실을 이용하여 정다면체를 탐구해요.

- 증강현실을 이용하여 정다면체를 탐구하여 보세요.

① 아래 그림의 5가지 정다면체 겨냥도를 색연필로 색칠해요.

② 'Quiver-3D 컬러링 앱'을 이용하여 아래 그림을 인식해요.

③ 증강현실로 나타나는 정다면체 입체영상을 관찰해요.

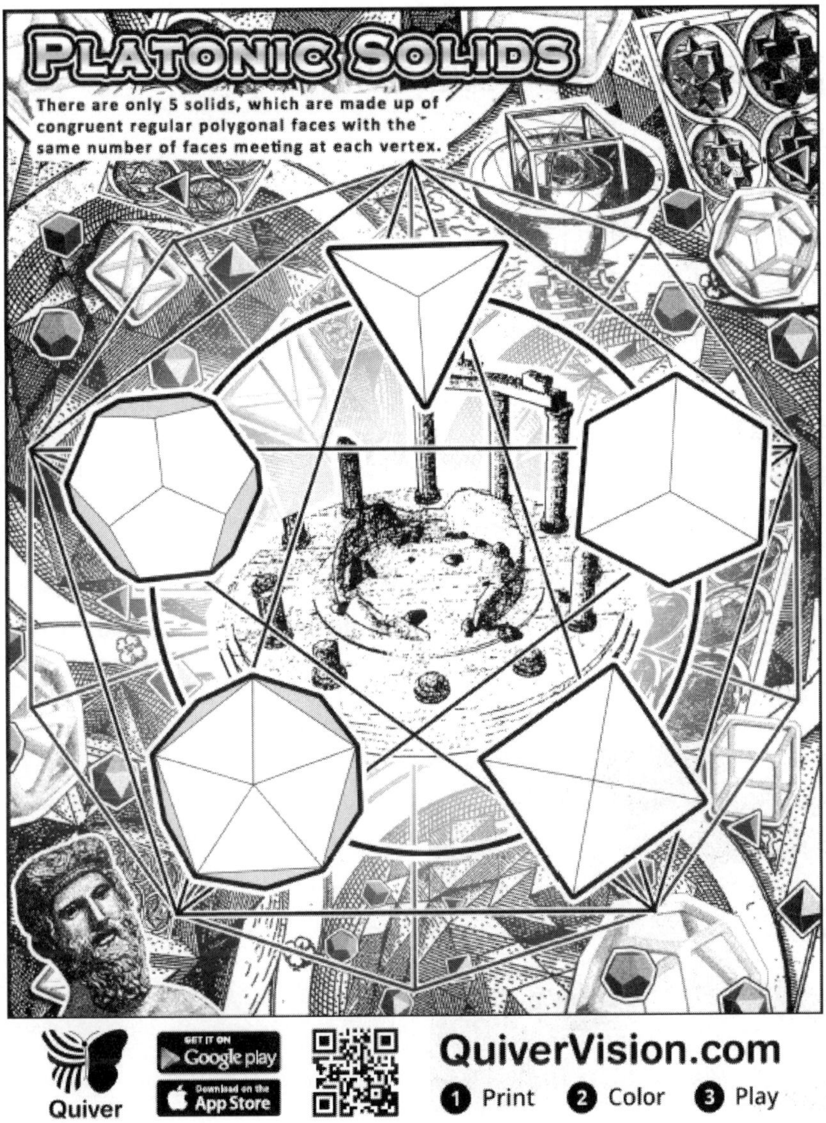

교수·학습 과정안(3차시)

활동명	가상현실 속으로 출발
활동주제	가상현실의 개념 이해와 입체영상 인식을 위한 카드보드 제작
학습목표	1. 카드보드를 안내에 따라 만들 수 있다. 2. 자신이 만든 카드보드를 이용하여 가상현실의 구현 원리를 이해할 수 있다.

활동 1 카드보드를 이용한 가상현실 체험하기

| 카드보드 만들기 |

■ 활동 순서

① 카드보드 전개도를 탐색하고 조립 순서를 알아본다.

② 전개도를 접고 렌즈를 부착하여 조립한다.

③ 자석을 붙여서 완성한다.

| 가상현실 체험하기 |

■ 활동 순서

① 스마트폰에 'Cardboard' 앱을 다운받는다.

② 스마트폰을 카드보드에 끼워 여러 가지 콘텐츠를 감상한다.

③ 화면이 두 개로 나누어진 이유에 관해 이야기 나눈다.

■ 이렇게 활동했어요!

■ 여기서 잠깐!

1. 카드보드에 사용한 어안렌즈는 단면이 볼록한 렌즈로 화면을 확대해주는 효과가 있다.
2. 자석의 움직임을 클릭으로 인식해 장면을 넘겨주거나 On/Off 기능을 한다.
3. 개인차는 있으나 오랜 시간 착용하고 체험하면 어지러움을 느낄 수 있으므로 활동 시간 계획시 착용 시간을 사전에 확인한다. 학생들에게도 평소에 카드보드를 너무 오래 사용하지 않도록 안전 지도를 한다.

교수·학습 과정안(4차시)

활동명	오픈~ 가상현실 갤러리전
활동주제	창의적 전시물 만들기와 가상현실 갤러리 만들기
학습목표	1. 다면체를 이용한 창의적인 입체 전시물을 구성할 수 있다. 2. 가상현실 갤러리를 만들 수 있다

활동 1 가상현실 갤러리 구성하기

| 창의적인 건축구조물 만들고 전시하기 |

■ 활동 순서

① 모둠원들이 협동하여 튼튼하면서도 창의적인 건축 구조물을 구성한다

② 주어진 재료(네오픽스)를 이용하여 건축물을 완성한다.

③ 작품명을 결정하고 다른 작품들과 조화를 이루도록 전시한다.

| 가상현실 갤러리 꾸미고 카드보드로 감상하기 |

■ 활동 순서

① ‘Cardboard 카메라’ 앱을 이용하여 360도로 촬영하면서 간단한 소개멘트를 한다.

② 앱을 이용하여 360도 촬영 영상을 이어 붙이는 스티칭 편집을 한다.

③ 완성한 가상현실 갤러리 영상을 카드보드를 이용하여 감상한다.

■ 이렇게 활동했어요!

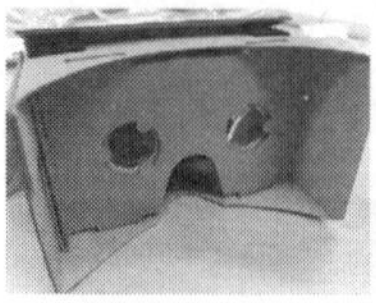

교사용 참고 자료

도서 『가상현실과 증강현실』

이 책은 사회에서 일어나는 다양한 사건과 시사상식 그리고 해마다 반복되는 화젯거리 등을 초등학교 수준에서 학습하고 자신의 말로 표현할 수 있도록 기획되었다.

이 책의 주인공인 나연이와 나운이는 '포켓몬 고' 게임 중 흰 토끼를 발견하고 호기심에 뒤쫓아가면서 이상한 나라에 도착하게 되고 그곳에서 다양한 가상현실과 증강현실을 체험한다. 어린이들은 이 책을 통해 증강현실 게임을 안전하게 즐기는 방법을 알게 되고, 가상현실을 활용해 편리하고 행복한 삶을 누리려는 방법 등을 고민하는 의미 있는 시간이 될 것이다.

〈자료출처: 김진욱(2017)/ 가상현실과 증강현실 펴내는 글 중에서/ 뭉치〉

가상현실과 증강현실

가상현실(Virtual Reality, VR)은 현실에는 없는 공간을 체험할 수 있도록 구현된 가상의 공간을 말한다. 가상의 공간에서 VR기기 사용자는 직접적으로 또는 간접적으로 움직이며 가상현실과 상호작용할 수 있다. 가상현실(VR)은 HMD(Head Mounted Display)인 VR기기를 통해 볼 수 있는데 VR기기는 사용자의 시야를 현실로부터 완전히 차단한다. 360도로 촬영된 3차원 영상을 통해 사용자들은 완전히 다른 공간에 있는 듯한 경험을 하게 된다. 이때문에 몰입감을 더 느낄 수 있지만 어지러움 증상을 겪기도 한다.

증강현실(Augmented Reality, AR)은 실제 현실에 가상의 영상을 더한 것이다. 증강현실은 GPS를 통해 현재의 위치 정보를 얻고, 자이로스코프센서를 통해 기울기나 기기가 움직이는 속도에 대한 정보를 얻는 등 가상의 이미지를 보여주기 때문에 현실감이 높다. 몇 년 전 유행했던 '포켓몬 고' 게임에서 특정 위치에 가면 희귀한 포켓몬을 잡거나 특정한 방향으로 핸드폰을 기울여야만 포켓몬이 나타나는 것은 기기를 통해 수집된 정보가 AR에 활용된 사례라고 볼 수 있다. 가상현실은 만들어진 세계를 보여주는 것이고 증강현실은 우리 주변에 있는 이미지 위에 가상의 이미지를 보여주는 것이다.

가상현실	증강현실
	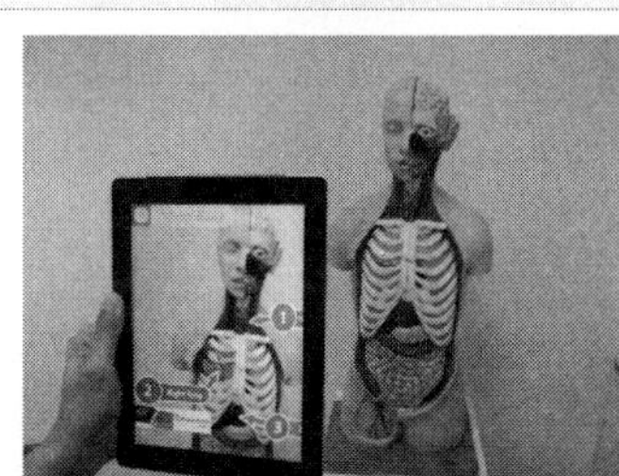

〈출처: 네이버 포스트
https://m.post.naver.com/viewer/postView.nhn?volumeNo=6680845&memberNo=1913041〉
〈이미지 출처: 동아 사이언스 http://m.dongascience.donga.com/news/view/12985/special〉

참고 영상 사이트 주소

1. 영화 스타워즈 속의 홀로그램 장면 영상
   (https://www.youtube.com/watch?v=pUaxXsqGeFI)
2. 영화 아이언맨 속의 홀로그램 장면 영상
   (https://www.youtube.com/watch?v=mRi1dmFgRfo)
3. 적청안경 3D 동영상 (http://www.youtube.com/watch?v=SCObXyRZHaE)
4. 적청안경 입체도형 영상 (http://sciencelove.com/m/1236)
5. 플로팅 홀로그램 동영상 (https://www.youtube.com/watch?v=85g1L6V8uG4)
6. 플로팅 홀로그램 달과 지구 동영상
   (https://www.youtube.com/watch?v=2RIgCGxPrL4&t=55s)
7. 증강현실 이케아 광고 동영상
   (https://www.youtube.com/watch?v=vDNzTasuYEw&feature=youtu.be)
8. 증강현실 통역 동영상 (https://www.youtube.com/watch?v=h2OfQdYrHRs)

참고문헌

나노 STEAM 아웃리치 프로그램: 고등학생용 바뀌는 세상, 한국과학창의재단

PART D

초등학교 수학·예술·과학 융합 수업: 수학을 담은 종이접기

D-1 수학을 담은 종이접기

DNA접기

활동 개요

본 활동은 종이접기의 원리와 종이접기 원리가 적용된 분야에 대해 알아보고 입체도형에 대한 수학적 이해를 통합적으로 활용하여 DNA 모형을 만드는 활동으로 구성되어 있다.

첫 번째 활동에서는 각 나라별 종이접기 기술의 역사와 장점을 이해하고 예술, 과학, 첨단 기술, 의학, 생활, 건축 분야 등에 적용된 예를 살펴본다.

두 번째 활동에서는 여러 겹의 종이가 쌓인 평면 같지만 펼치면 육각형 구조로 되어 입체를 이루는 허니컴 종이를 이용하여 카드를 만들어보면서 선대칭 도형과 평면도형을 회전축을 중심으로 회전시켜 만든 회전체의 개념을 이해한다.

세 번째 활동에서는 DNA 정복 게임을 통해 유전자의 원리와 구조를 이해하고 미우라 접기식으로 만든 게임판을 접고, 접은 게임판 종이의 대각선 양 끝 모서리를 잡아당겨 한 번에 펼치는 새로운 경험을 한다.

마지막 활동은 이중나선구조인 DNA 모형을 종이접기로 만드는 활동으로 구성되어 있다. 이를 통해 종이접기 속의 기하학적 원리와 이중나선구조의 신비로움을 알게 되고 종이접기 원리를 과학 기술에 적용하는 능력을 기르게 될 것이다.

	차시	주요 활동 내용
활동 내용	1	과학기술과 종이접기 - 다양한 분야에서 이용되는 종이접기 기술과 장점 알아보기 - 과학 분야에 종이접기가 적용된 사례 알아보기 - 예술과 건축 분야에 종이접기가 적용된 사례 알아보기
	2	허니컴종이 카드만들기 - 허니컴종이의 특징 및 구조 탐색하기 - 선대칭과 회전체의 개념 이해하기 - 허니컴종이로 접었다 펼치는 카드 만들기
	3	DNA 완전정복게임과 미우라 접기 - DNA의 원리와 구조를 게임을 통하여 이해하기 - 미우라 접기 방법 알아보기 - DNA 완전정복 게임판을 미우라 접기로 접었다 펼쳐보기
	4	DNA 모형 만들기 - 인쇄된 도면을 선 따라 접고 비틀어 완성하기 - 원래도면의 크기와 접었을 때의 크기를 비교하고 DNA구조 이해하기 - 종이접기 원리의 장점에 대해 이해하기
준비물	카드용지, 허니컴 종이, DNA완전정복 게임판 1매, DNA 도면 1매, 가위, 풀, 주사위	

융합적 요소 및 교육과정과의 연계성

수학

▶ 해당 학년군 : 5-6학년군
- 4학년 2학기 삼각형, 사각형
- 5학년 2학기 합동과 대칭
- 6학년 2학기 각기둥과 각뿔, 원기둥과 원뿔
- 중학교 1~3학년 평면도형과 입체도형

• 성취 기준

[6수02-03] 선대칭 도형과 점대칭 도형을 이해하고 그릴 수 있다.

[6수02-02] 합동인 두 도형에서 대응점, 대응변, 대응각을 각각 찾고, 그 성질을 이해한다.

• 융합적 요소

수학적 추론 능력
- 평면도형의 모양을 이용하여 입체도형의 모양 추론하기
- 종이접기에 이용되는 도형의 특징 추론하기

개념 및 원리의 이해
- 합동, 대칭의 개념과 성질 이해하기
- 평면도형을 돌려서 회전체를 만드는 방법 이해하기

문제해결 및 의사소통
- 여러 가지 도형의 성질 및 구조를 이용하여 접었다 폈다 하는 종이접기 모형 제작하기

+

과학

▶ 해당 학년군 : 5-6학년군
- 5학년 1학기 다양한 생물과 우리 생활
- 중학교 1~3학년 생식과 유전

• 성취 기준

[6과04-03] 우리 생활에 첨단 생명과학이 이용된 사례를 조사하여 발표할 수 있다.

[9과21-02] 염색체와 유전자 관계를 이해한다.

[9과21-05] 사람의 유전 형질과 유전 연구 방법을 안다.

• 융합적 요소

기본 개념 이해
- DNA의 발견과정과 원리 및 구조 이해하기
- 유전정보가 전달되는 과정과 유전자의 역할 이해하기

현상에 대한 관심
- 첨단 생명 과학의 활용 알기
- 과학 분야에서의 종이접기 기술의 활용 알기

과학적 탐구 능력
- DNA 구조 이해하기
- 종이접기가 활용될 수 있는 첨단과학분야 탐구하기

교수·학습 과정안(1차시)

활동명	접기로 가득 찬 세상
활동주제	과학과 예술 분야에 응용되는 종이접기 알아보기
학습목표	1. 종이접기의 기초와 수학적 개념을 이해한다. 2. 과학과 예술 분야에 응용되는 종이접기를 탐구한다.

활동 1 종이접기가 적용된 분야 알아보기

| 과학기술분야 |

■ 활동 순서

① 미우라 교수의 미우라 접기를 응용한 태양전지판을 소개한다.

② 바퀴 모양이 변하는 로봇, 몸체를 접는 미니 로봇, 접는 로봇팔 등 로봇공학에서 응용되는 종이접기 기술이 적용된 동영상을 시청한다.

③ 종이접기 기술을 응용하여 나노구조체를 만드는 기술에 대해 알아본다.

| 예술과 건축, 의학분야 |

■ 활동 순서

① 이세이미야케 디자이너의 작품을 감상한다.

② 아부다비의 알 바하르 타워 동영상을 보면서 건축에 응용되는 종이접기 기술에 대해 알아본다.

③ 막힌 혈관을 뚫어주는 스텐트의 구조와 작동과정을 알아본다.

교수·학습 과정안(2차시)

활동명	평면에서 입체로
활동주제	입체카드 만들기
학습목표	1. 선대칭과 회전체 개념을 이해하여 평면도형으로부터 회전체를 만들 수 있다. 2. 허니컴 종이를 활용하여 멋진 입체카드를 만들 수 있다.

활동 1 평면도형과 회전체의 관계

| 평면도형과 회전체의 관계 알아보기 |

■ 활동 순서

① 선대칭도형에서 대칭축을 찾는다.

② 평면도형의 한 직선을 축으로 회전시켜 만든 입체도형인 회전체의 모양을 유추해본다.

③ 평면도형 밖의 한 직선을 축으로 회전시켜 만든 입체도형의 모양을 유추해본다.

| 입체카드 만들기 |

■ 활동 순서

① 원하는 회전체를 얻기 위한 평면도형을 생각해본다.

② 허니컴 종이에 회전체를 만들 수 있도록 반쪽 평면도형을 그린다.

③ 펼치면 입체가 되는 카드를 만든다.

■ 이렇게 활동했어요!

■ 여기서 잠깐!

1. 허니컴 종이에 그리는 도안은 반쪽 그림만 그린다.
2. 허니컴 종이에 일정한 간격으로 표시된 가로줄과 도안의 회전축이 수직을 이루어야 한다.

고학년 (활동 1)

평면도형과 회전체

평면도형과 회전체 알아보기

• 다음 도형을 축을 중심으로 회전시키면 어떤 모양이 될까요?

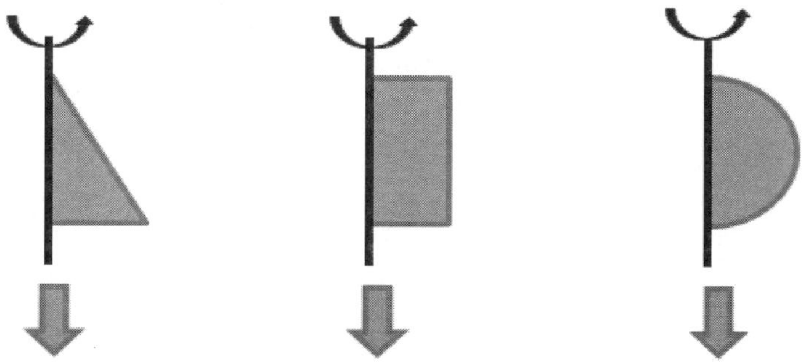

• 아래 그림의 물건은 축을 중심으로 어떤 모양을 회전시킨 걸까요? 생각해보고 그려보세요.

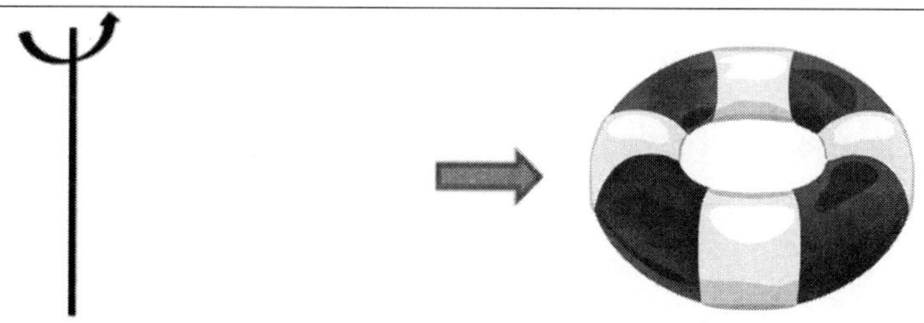

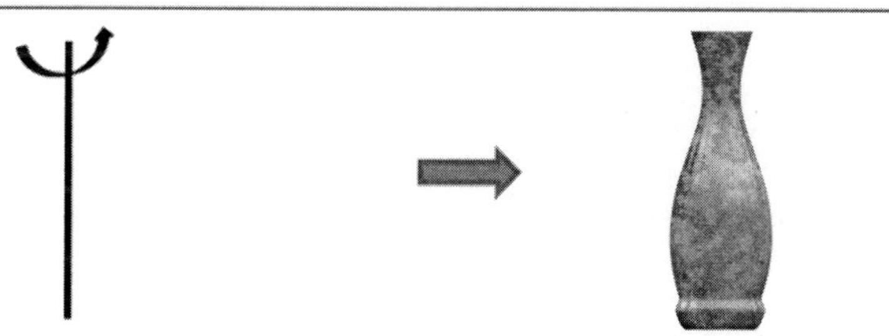

허니컴 종이를 이용하여 만들 카드를 디자인해봅시다. 원하는 회전체를 만드려면 어떤 평면도형을 회전시켜야 할까요?

교수 · 학습 과정안(3차시)

활동명	DNA 정복 게임
활동주제	DNA 정복 게임을 통하여 DNA의 원리와 구조 이해하기
학습목표	1. DNA구조와 유전의 과학 원리에 관해 알 수 있다. 2. 게임판을 미우라 접기로 접을 수 있다.

활동 1 DNA 정복 게임

| 게임을 통해 DNA에 대해 이해하기 |

■ 활동 순서

① DNA의 원리와 구조를 이해한다.

② 게임을 하면서 DNA의 과학원리와 관련된 퀴즈를 푼다.

③ 규칙을 지키며 게임판 끝에 도달하면 게임이 끝난다.

| DNA게임판 미우라접기식으로 접기 |

■ 활동 순서

① 미우라 접기를 응용한 태양전지판 사례를 알아본다.

② DNA 완전정복 게임판을 미우라 접기 방법으로 접는다.

③ DNA 완전정복 게임판을 한 번에 펼쳤다 접었다 해본다.

■ 이렇게 활동했어요!

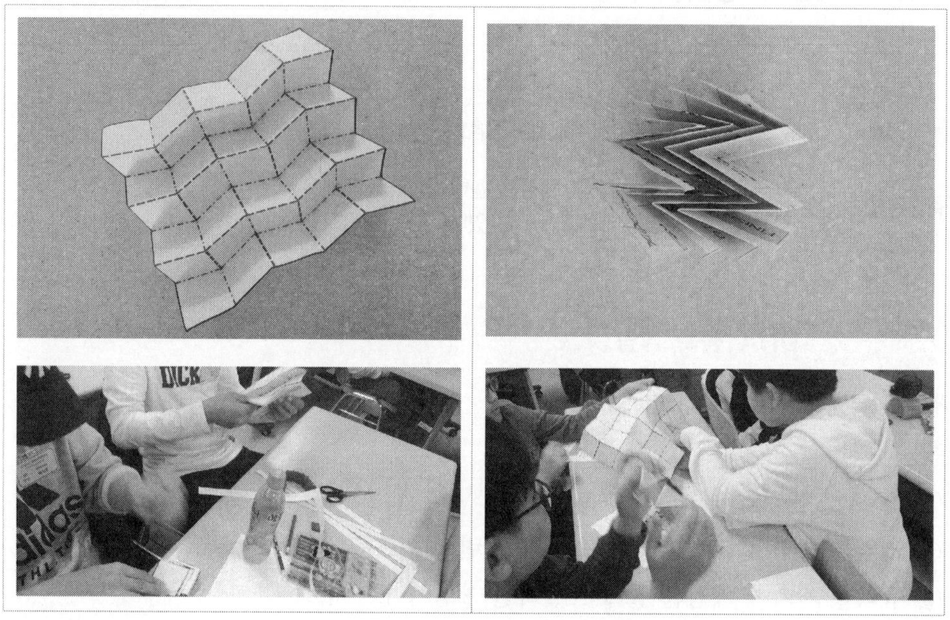

■ 여기서 잠깐!

표시된 대로 골짜기 접기와 산 접기를 정확히 접고 양쪽 손으로 접은 게임판의 대각선 방향을 잡고 한 번에 펼친다.

고학년
(활동 2)

DNA 정복게임

DNA 정복게임

• DNA 정복게임 방법을 알아봅시다.

① 주사위를 던져서 나온 수만큼 이동하고 그 칸에 쓰여진 사항을 따른다.

② 문제칸에 도착하여 문제를 맞히면 한 번 더 주사위를 던지고 못 맞추면 다음 자신의 차례에 맞추고 나서야 계속 게임을 진행할 수 있다.

③ FINISH에 도착하면 성공이다.

• DNA 정복게임판의 질문 내용

Q1. 핵산의 일종으로 유전정보를 담는 화학물질은 무엇일까요?

Q2. DNA는 몇 가닥의 나선으로 이루어져 있을까요?

Q3. DNA의 구조는 이중OO 구조입니다. OO에 들어갈 단어는 무엇일까요?

Q4. 생물이 자기와 똑같은 구조와 형태를 가진 생물체를 만드는 것 또는 DNA로 똑같은 염기배열을 가진 DNA를 만드는 것을 무엇이라고 할까요? OO양 돌리는 체세포OO로 만들어진 세계 최초 동물입니다.

Q5. 이중나선구조의 발견으로 1963년에 크릭, 윌킨스와 함께 노벨상을 수상했으며 〈이중나선〉 책의 저자이기도 한 과학자는 누구일까요?

Q6. 이중나선구조 발견에는 로잘린 프랭클린이 이것을 이용하여 찍은 회절사진이 결정적 증거가 되었습니다. 보이지 않는 빛의 일종으로 몸 속의 뼈를 촬영할 때 많이 이용하는 이 빛은 무엇일까요?

Q7. DNA는 몇 종류의 염기로 구성되어 있을까요?

Q8. 샤가프는 염기중에서 아데닌(A)은 이것과 같은 양으로 존재한다고 하였습니다. 이것은 무엇일까요?

Q9. 샤가프는 염기중에서 구아닌(G)은 이것과 같은 양으로 존재한다고 하였습니다. 이것은 무엇일까요?

Q10. 부모가 가지고 있는 특성이 자식에게 전해지는 현상을 무엇이라고 할까요?

교수·학습 과정안(4차시)

활동명	이중나선 DNA 모형
활동주제	DNA 모형 종이접기
학습목표	1. DNA 모형을 종이접기 방법으로 만들 수 있다. 2. 이중나선구조로 이루어진 DNA의 장점을 알 수 있다.

활동 1 종이 DNA 모형 만들기

| DNA 모형접기 |

■ 활동 순서

① 인쇄된 도면을 준비한다.

② 한쪽 나선의 염기서열을 보고 반대편 나선의 염기서열을 예측하여 써본다.

③ 도면의 접는 선을 따라 접으며 합동, 선, 면, 각도 등의 수학적 요소를 찾아본다.

④ DNA모형을 비틀어 접어 완성한다.

⑤ 원래 도면의 크기와 접었을 때의 크기를 비교한다.

■ 이렇게 활동했어요!

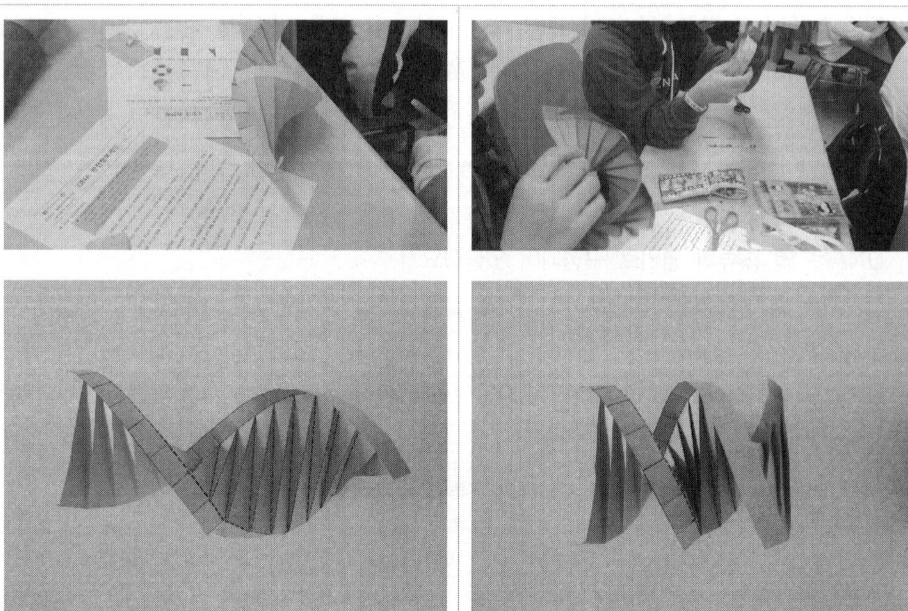

교사용 참고 자료

도서 『하리하라의 바이오 사이언스』

유전의 비밀을 아는 것은 단순히 아기가 어떻게 엄마 아빠를 닮은 모습으로 태어나느냐에 대한 답만을 주는 것은 아니라 바로 생명의 비밀을 밝히는 열쇠이다. 왓슨과 크릭이 발견한 DNA의 이중구조는 반복적인 단순한 구조일 뿐만 아니라 매우 실용적이다. 유전에 대한 이해가 곧 생명에 대한 이해이며, 유전의 과정들을 아는 것은 생명의 신비로움을 깨닫고 생명을 사랑하게 되는 길로 이어진다는 것을 알아야 한다. 이 책은 꼭 알아야 할 생명과학의 기본적인 개념을 다루고 있다.

〈자료출처: 본문 내용 중〉

이은희(2009)/하리하라의 바이오 사이언스/살림출판사

DNA 구조를 발견하는 데 기여한 과학자

1951년 영국 케임브리지대의 캐번디시 연구소에는 생명의 신비에 관한 연구를 하려는 위대한 과학자들이 많이 있었다. 제임스 왓슨과 프란시스 크릭도 그 연구에 합류한 과학자였다. 제임스 왓슨(James Dewey Watson, 1928~)은 미국에서 건너온 박사 학위를 받은 지 1년밖에 안 된 신출내기였고, 프랜시스 크릭(Francis Harry Compton Crick, 1916~2004)은 영국의 유니버시티 칼리지 출신으로 나이는 왓슨보다 12살이나 많았지만, 학위나 경력이 뒤떨어져 다른 과학자들에 비해 DNA 연구에서 가장 뒤처졌다. 1953년 4월 제임스 왓슨과 프랜시스 크릭은 유전정보를 다음 세대로 전달하는 물질인 DNA의 구조가 이중나선형이라는 내용의 논문을 '네이처'에 발표했다. 9년 뒤인 1962년에 이들은 생물학계의 가장 중요한 수수께끼를 푼 공로를 인정받아 DNA의 구조를 밝히는 데 기여한 또 다른 과학자 모리스 윌킨스(Maurice Hugh Frederick Wilkins, 1916~2004)와 함께 노벨생리의학상을 수상하였다.

그러나 DNA의 이중나선구조를 설명한 결정적인 증거자료인 X선 회절 사진은 당시 여성 과학자인 프랭클린 로잘린(Rosalind Elsie Franklin, 1920~1958)이 찍은 것이었다. 이 자료를 왓슨과 크릭에게 제공한 사람은 킹스 칼리지의 프랭클린 동료였던 윌킨스였는데, 수시로 캐번디시 연구소를 방문해 프랭클린이 찍은 DNA X선 사진을 보여주고, 논문으로 출판되지 않은 데이터들을 제공했다.

많은 사람들이 프랭클린도 노벨상을 받았어야 했다고 안타까워했지만 플랭클린은 1958년 백혈병으로 죽어 살아 있는 사람에게만 상을 주는 노벨상의 관례에 따라 제외되었다.

참고 영상 사이트 주소

1. 놀이에서 첨단 기술로 진화하는 '종이접기'(https://www.youtube.com/watch?v=nn9e_7ys9Js)
2. 접을수록 세상이 바뀐다, 종이접기의 과학
   (https://www.youtube.com/watch?v=lErbMIQcP2E)

3. 과학이 된 종이접기(https://www.youtube.com/watch?v=ZIsDkK3ipiw)
4. Origami wheel robot base on magic-ball origami structure (https://www.youtube.com/watch?v=EiInnP8RzFI)
5. Robot Origami:Robot self-folds,walks,and completes tasks (https://www.youtube.com/watch?v=ZVYz7g-qLjs)
6. Origami:DNA-Instructions in English (https://www.youtube.com/watch?v=pB0FMshudqE&t=18s)
7. 한 컷의 과학-2회 인류의 비밀 암호 DNA(https://www.youtube.com/watch?v=8_TN7jtJmu0)
8. 5 Built Dynamic facades(https://www.youtube.com/watch?v=TecF1-K5SWw)
9. Origami Inspired Foldable Robotic Arm (https://www.youtube.com/watch?v=GW7D3CjQd-g)

참고문헌

이화여자대학교(2013). 융합인재교육(STEAM)프로그램: 고등학생용 폴딩구조를 이용한 종이공학 생활 디자인. 한국과학창의재단

DNA 정복게임 도면과 게임판

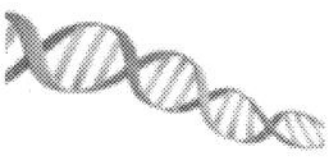

DNA 완전정복 게임

START		+3			Q1
					+1
Q3			−2		Q2
Q4	한 번 더!	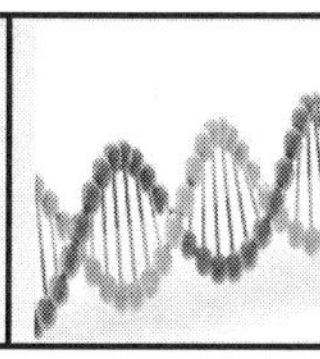			Q5
Q7			한 번 쉬세요	+4	Q6
Q8		−3			Q9
					−1
FINISH			처음으로 돌아가세요		Q10

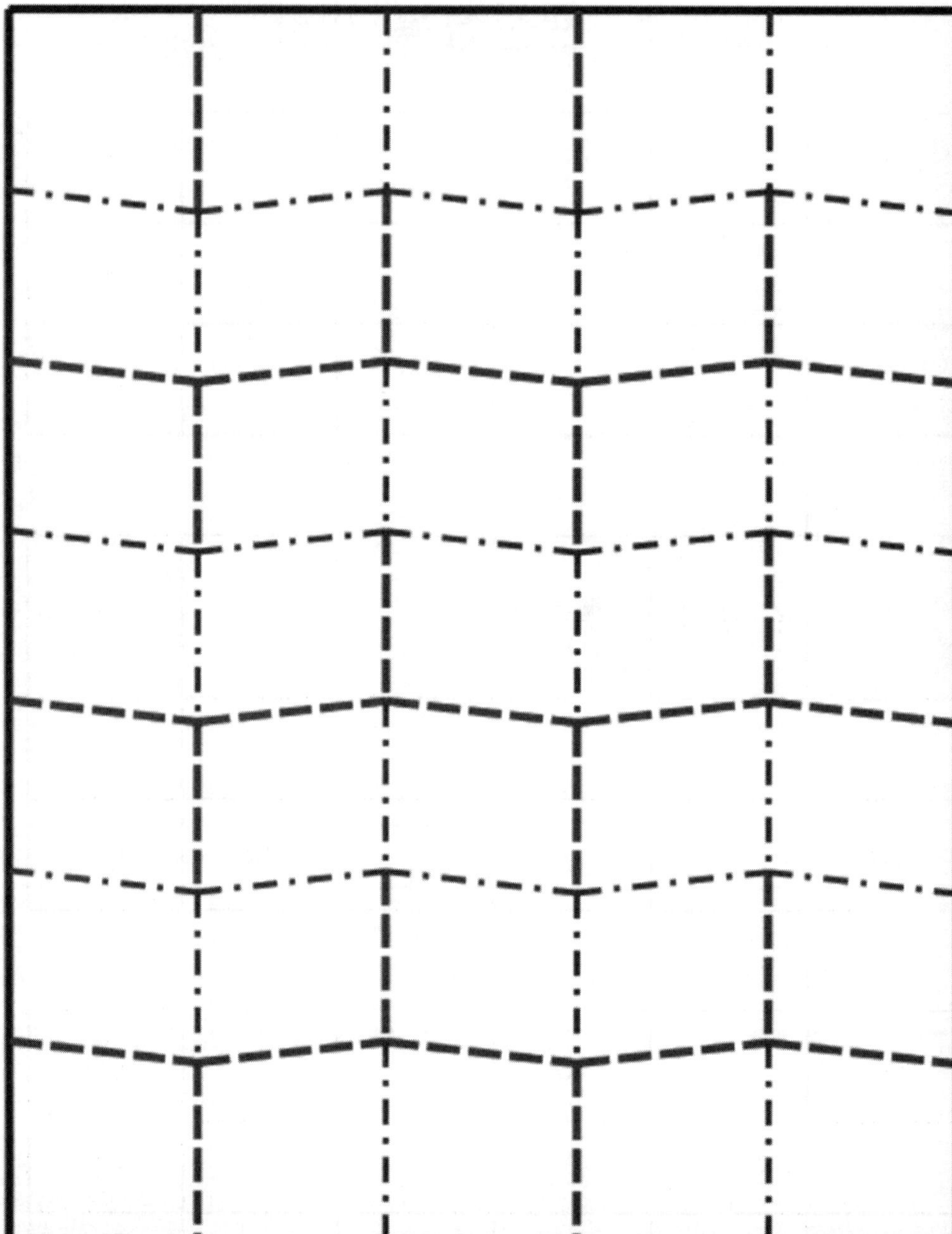

DNA 도안 단면

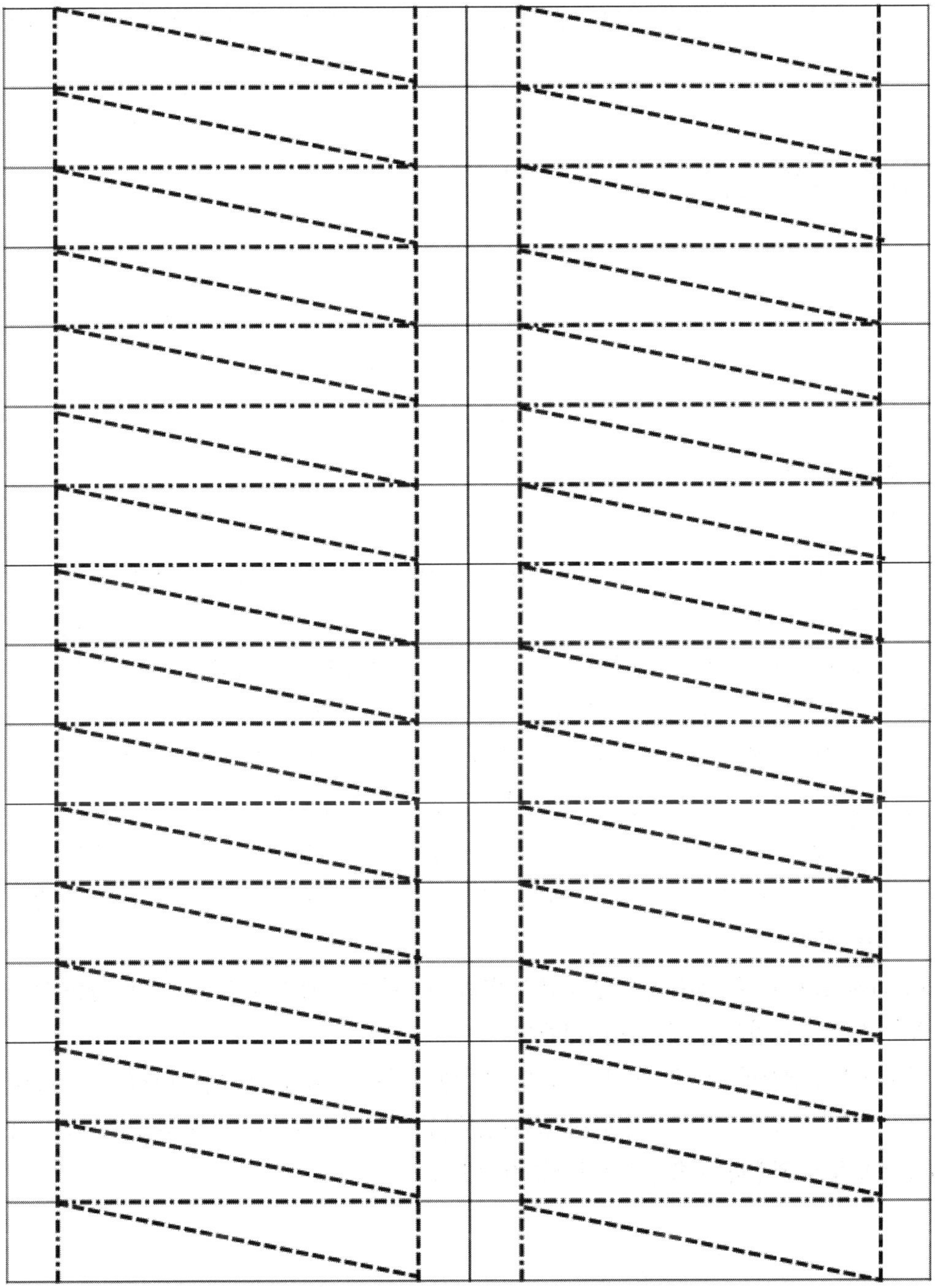

센서 무드등

활동 개요

본 활동은 다면체에 대한 수학적 이해를 토대로 사각형의 평면 색종이를 여러 장 접어 연결하여 다면체를 만들면서 입체도형에 대한 탐구를 하는 활동과 첨단과학기술에 사용되는 센서에 대한 이해를 토대로 진동센서를 이용하여 전기회로를 구성하고 종이접기 방법으로 종이갓을 만들어 센서 무드등을 완성하는 활동으로 구성되어 있다.

첫 번째 활동에서는 다양한 분야에 이용되는 종이접기 기술과 장점을 알아보고 특히 예술 분야에서 종이접기가 적용된 사례를 탐색하고 작품을 감상한다.

두 번째 활동에서는 정다면체의 개념에 대해 알아보고 같은 모양의 접기를 연결하여 다면체를 만들어 보는 유니트 접기의 방법을 이해하고 유니트 수에 따라 다른 다면체를 만들 수 있음을 체험한다.

세 번째 활동에서는 전등갓을 종이접기 방법으로 만들어 보면서 각도, 대칭, 합동 등의 수학적 요소를 발견하고 개념을 이해한다.

마지막으로 센서의 원리와 여러 가지 센서에 대해 탐구한 다음 센서와 LED전구, 스위치, 건전지 등의 전기부품을 연결하여 전기회로를 구성하고 종이접기로 만든 전등갓을 씌워서 센서 무드등을 완성하는 활동으로 구성되어 있다.

	차시	주요 활동 내용
활동 내용	1	다양한 분야에 이용되는 종이접기 기술 - 다양한 분야에서 이용되는 종이접기 기술에 대해 알아보기 - 종이접기 기술의 장점 알아보기 - 여러 가지 예술작품 속의 종이접기를 감상하기
	2	유니트 종이접기 - 유니트 종이접기의 개념과 장점을 알아보기 - 여러 가지 정다면체에 대해 알아보기 - 같은 모양을 여러 장 접어 연결하는 유니트 접기를 이용해 정다면체 만들기
	3	종이접기 전등갓 만들기 - 종이접기로 만든 여러 가지 전등갓 감상하기 - 종이접기 속의 각도, 대칭, 합동 등의 수학적 요소 알아보기 - 종이접기 방법으로 전등갓을 만들기
	4	센서 무드등 만들기 - 센서의 원리와 센서의 종류 알아보기 - 전기회로 구성하기 - 종이접기 전등갓과 전기회로를 결합하여 진동에 반응하는 센서 무드등 완성하기
준비물	색종이, 도화지, LED, 진동센서, 건전지, 건전지끼우개, 스위치	

융합적 요소 및 교육과정과의 연계성

수학

▶ 해당 학년군: 5-6학년군
- 4학년 1학기 각도
- 4학년 2학기 다각형
- 5학년 2학기 합동과 대칭

• 성취 기준

[4수02-11] 다각형의 의미를 안다.

[4수02-12] 주어진 도형을 이용하여 여러 가지 모양을 만들 수 있다.

[6수02-01] 구체적인 조작 활동을 통하여 도형의 합동의 의미를 알고 합동인 도형을 찾을 수 있다.

• 융합적 요소

수학적 추론 능력
- 평면도형의 모양을 이용하여 입체도형의 모양을 추론하기
- 종이접기로 만들어지는 대칭 모양을 추론하기

개념 및 원리의 이해
- 각도, 다각형, 합동, 대칭의 개념 이해하기
- 정다면체의 개념과 종류 이해하기

문제해결 및 의사소통
- 여러 가지 도형의 성질을 이용하여 종이접기 모형을 제작하기
- 종이접기 속에서 발견한 수학적 요소를 발표하고 토의하기

+

과학

▶ 해당 학년군: 5-6학년군
- 6학년 1학기 전기의 이용

• 성취 기준

[6과13-01] 전지와 전구, 전선을 연결하여 전구에 불이 켜지는 조건을 찾아 설명할 수 있다.

[6과13-03] 전기를 절약하고 안전하게 사용하는 방법을 토의할 수 있다

• 융합적 요소

기본 개념 이해
- 전기 회로의 구성을 이해하기
- 전기회로에서의 전류의 흐름을 이해하기

현상에 대한 관심
- 생활 주변에서 사용하는 센서의 종류 알기
- 센서를 이용한 생활용품 조사하기
- 센서를 이용하여 전기를 절약하는 방법 알기

과학적 탐구 능력
- 전기회로를 올바르게 연결하기
- 첨단과학분야에 활용되는 종이접기 기술 탐구
- 센서를 이용한 생활용품 만들기

교수 · 학습 과정안(1차시)

활동명	예술 속의 종이접기
활동주제	다양한 분야에 응용되는 종이접기 기술 알아보기
학습목표	1. 여러 예술 분야에 활용되는 종이접기를 탐구한다. 2. 종이접기의 기초와 종이접기 속의 수학적 개념을 이해한다.

활동 1 종이접기 첫걸음

| 종이접기의 원리와 기초 알아보기 |

■ 활동 순서

① 종이를 자르거나 풀을 사용하지 않고 접어서만 만드는 종이 접기 활동 경험에 대해 이야기 나눈다.

② 종이접기의 역사와 종이접기의 방법, 기호 등을 알아본다.

③ 합동, 대칭, 각도 등의 수학 개념을 알아보고 종이접기에서 찾아본다.

④ 여러 가지 도형의 성질을 이해한다.

활동 2 예술이 종이접기를 만났을 때

| 예술 속의 종이접기 찾아보기 |

■ 활동 순서

① 이세이미야케 디자이너의 작품을 사진자료와 동영상으로 보고 감상을 발표한다.

② 의상 디자인이나 가방 디자인에 활용된 종이접기를 찾아본다.

③ 생활용품이나 가구, 건축 분야에 응용되는 종이접기 사례를 보고 장점을 알아본다.

④ 종이접기를 활용한 발명 아이디어를 발표해본다.

■ 이렇게 활동했어요!

〈사진 출처: ISSEYMIYAKE INC. https://www.isseymiyake.com/en/brands/in-ei〉

■ 여기서 잠깐!

1. 다양한 분야에서 활용되는 종이접기의 사례를 다양한 사진 자료와 동영상 자료를 활용하여 풍부하게 보여주고 학생들이 종이접기의 장점과 수학적 요소들을 발견하여 발표할 수 있도록 지도한다.
2. 탐색 활동 시 도형과 합동, 대칭, 각도 등의 개념을 중심으로 탐색하되, 그 외의 수학적 개념에 대한 다양한 탐색도 허용한다.

교수 · 학습 과정안(2차시)

활동명	유니트 종이접기로 만드는 정육면체
활동주제	유니트 접기로 정다면체 만들기
학습목표	1. 유니트 종이접기 방법의 장점을 이해한다. 2. 유니트 종이접기로 평면도형으로부터 입체를 만들 수 있다.

활동 1 정다면체 파헤치기

| 정다면체 알아보기 |

■ 활동 순서

① 정다면체의 개념을 알아본다.

② 정다면체의 종류를 알아보고 5개밖에 없는 이유를 이해한다.

③ 정다면체의 한 꼭짓점에 모인 면의 수, 면의 모양, 면의 수 등을 알아본다..

활동 2 유니트 종이접기로 만드는 정육면체

| 유니트 종이접기로 정육면체 만들기 |

■ 활동 순서

① 같은 모양을 여러 장 접어 연결하는 유니트 접기의 개념을 이해한다.

② 동영상의 종이접기 방법을 참고하여 종이를 접는다.
(참고 동영상 : Origami 3D Cube paper box
https://www.youtube.com/watch?v=5Vi0aMazWxI)

③ 위의 종이접기를 동일하게 반복하여 여러 개의 유니트를 만든다.

④ 유니트를 연결하여 정육면체를 만들고 정육면체의 특징과 수학적 요소를 탐구한다.

⑤ 유니트 종이접기로 만든 여러 가지 다면체 작품을 감상한다.

■ 이렇게 활동했어요!

■ 여기서 잠깐!

1. 유니트 접기로 정육면체를 만드는 활동이 단순한 종이접기 활동에 머물지 않도록 수학적 개념과 요소를 활동하는 동안 찾아볼 수 있도록 지도한다.
2. 유니트 종이접기 방법으로 정사면체, 정팔면체, 정이십면체 등 다른 다면체를 만드는 활동으로 확장할 수도 있다.

고학년 (활동 1)

정다면체의 비밀

정다면체를 모두 써보세요.

정다면체를 관찰하고 각 빈칸을 채워보세요.

	면의 수	변의 수	꼭짓점	면의 모양	한 꼭짓점에 모인 면의 수
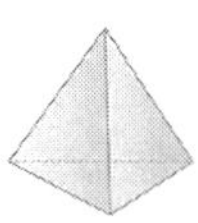	4	6	6	3	
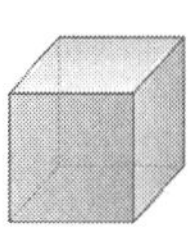	6	12		4	3
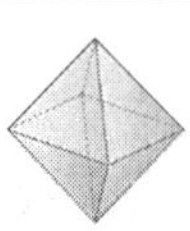	8		6	3	4
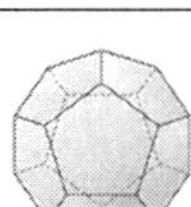		30	20	5	3
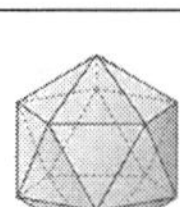	20	30	12		5

교수·학습 과정안(3차시)

활동명	종이접기 전등갓
활동주제	종이접기로 전등갓 만들기
학습목표	1. 종이접기의 장점을 이용하여 종이로 전등갓을 제작한다. 2. 종이접기로 제작된 전등갓 작품을 감상한다.

활동 1 세상의 모든 전등갓

| 여러 가지 전등갓 감상하기 |

■ 활동 순서

① 여러 가지 전등갓 디자인을 사진과 동영상 자료로 감상한다.

② 전등갓 재료로 종이를 사용했을 때와 종이접기 방법을 이용했을 때의 장단점을 이해한다.

③ 종이접기 방법으로 만든 여러 가지 전등갓의 예시 자료를 찾아본다.

④ 자신의 전등갓 디자인 아이디어를 발표한다.

활동 2 나만의 전등갓 만들기

| 종이접기 방법으로 전등갓 만들기 |

■ 활동 순서

① 전등갓을 종이로 접는 방법을 동영상을 참고하여 접어본다.

② 종이접기로 전등갓을 만들면서 선, 면, 도형, 각도, 합동 등의 수학적 요소를 찾아본다.

③ 접은 종이를 접었다 펴보면서 크기의 변화를 관찰한다.

④ 전등갓을 연결하여 완성하고 새로운 창의적인 전등갓의 입체도형 형상을 구상해본다.

■ 이렇게 활동했어요!

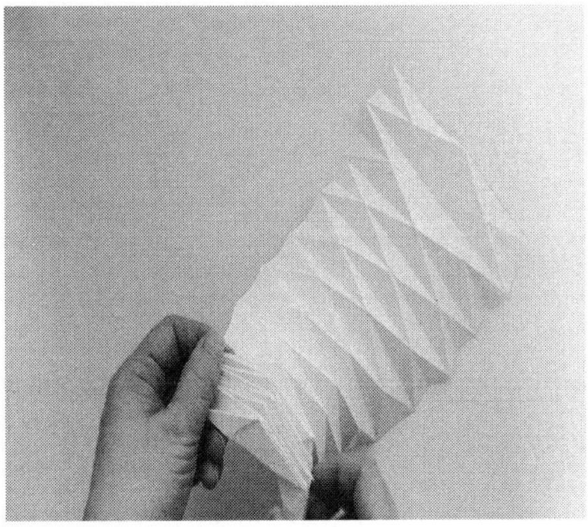

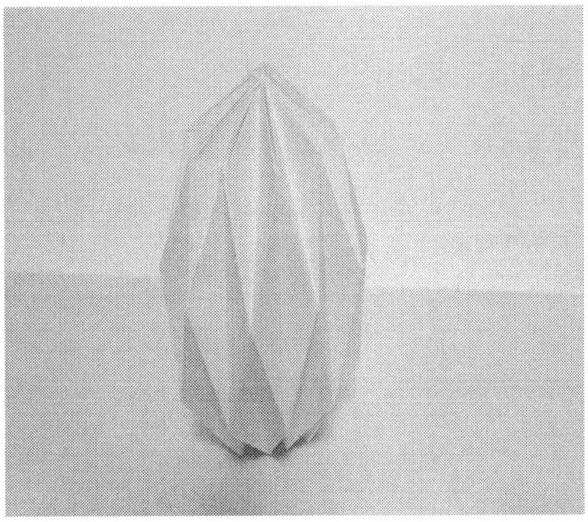

■ 여기서 잠깐!

1. 종이접기로 전등갓을 만들었을 때의 장점과 단점을 토의해보도록 하고 단순한 종이접기 활동에 머물지 않도록 수학적 개념과 요소를 활동하는 동안 찾아볼 수 있도록 지도한다.
2. 이번 차시에서는 주어진 동영상을 보고 종이접기를 따라 하였지만 창의적으로 만들어보고 싶은 전등갓의 입체 모양에 대해서도 아이디어 스케치를 하거나 실제로 자유롭게 종이를 접어 만들어 보도록 수업을 확장시킬 수도 있다.

교수·학습 과정안(4차시)

활동명	불어서 켜는 전등
활동주제	진동센서를 이용한 센서 무드등 만들기
학습목표	1. 센서의 원리와 종류를 알아본다. 2. 전기회로를 구성하여 센서 무드등을 완성한다.

활동 1 우리 생활 속의 센서

| 생활 주변에 사용하는 센서 알아보기 |

■ 활동 순서

① 인간의 오감과 센서를 비교하여 알아본다.

② 우리 생활에 사용하는 여러 가지 센서의 종류를 알아본다.

③ 센서를 사용하는 경우를 알아보고 전기를 절약할 수 있는 방법을 이야기 나눈다.

④ 앞으로의 새로운 조명과 센서의 활용에 대해 의견을 발표한다.

활동 2 나만의 센서 무드등 만들기

| 센서 무드등 만들기 |

■ 활동 순서

① 진동센서의 원리를 이해하고 전기회로의 구성을 알아본다.

② 건전지끼우개에 건전지를 직렬연결하고 센서, 스위치, LED를 전선으로 연결하여 전기회로를 구성한다.

③ 진동센서에 입김을 불거나 큰소리를 내어 LED전구를 켜고 꺼본다.

④ 위에서 구성한 전기회로에 종이접기로 만든 전등갓을 씌워 센서 무드등을 완성한다.

■ 이렇게 활동했어요!

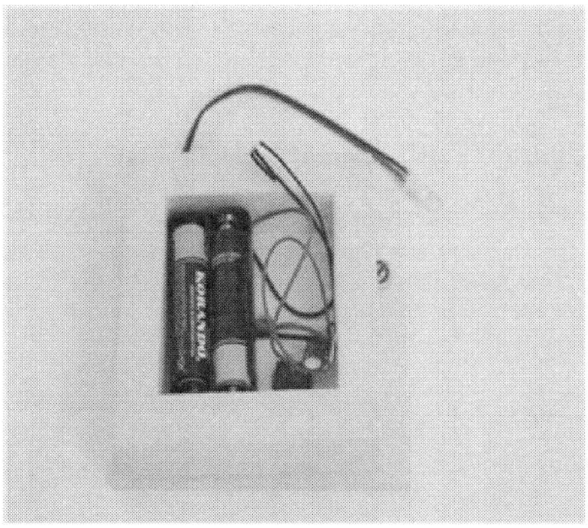

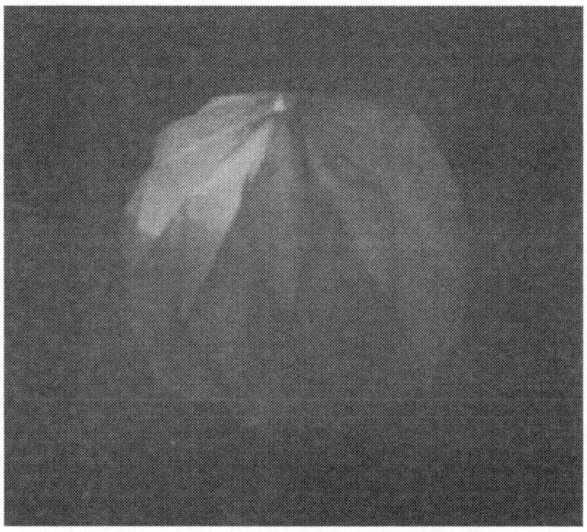

■ 여기서 잠깐!

1. 우리 생활의 여러 가지 센서에 대해 발표할 때 특히 스마트폰의 여러 가지 센서와 기능에 대해 이야기 나누면 이해하기가 쉽다. 생활 속에서 센서를 사용하여 편리한 점에 대해서도 토의하도록 한다.
2. LED전구의 경우 긴다리를 +극에, 짧은 다리를 −극에 연결해야만 불빛이 나고 반대로 잘못 연결하면 불빛이 나지 않으므로 연결 시에 유의하도록 한다.

고학년
(활동 1, 2)

나만의 센서 무드등

센서란 무엇일까요?

스마트폰에 사용되는 센서의 종류에는 무엇이 있을까요?

센서를 이용하여 만들어 보고 싶은 생활용품이나 전기를 절약하는 방법에 대한 아이디어를 그림이나 글로 표현해 보세요.

교사용 참고 자료

도서 『슝 달리는 전자 흐르는 전기』

이 책은 수원대학교 물리학과 교수인 곽영직 교수님이 어린이들에게 쉽게 전자와 전기의 개념을 설명한 책이다. 전자 개념을 바탕으로 전기 현상과 정전기, 전기의 원리, 전기의 이용 등을 일러스트와 만화를 풍부하게 곁들여 풀어내었다. 교과서에서 다루는 전기의 내용을 어려워 하는 어린이들을 위해 전자의 속성과 특징을 바탕으로 전기현상을 전체적으로 이해하도록 꾸미고 있다. 전자를 발견한 이야기나 전기 용어, 전기에 대한 간단한 실험들도 내용에 담고 있어서 흥미롭게 어린이들이 읽고 전기에 대한 개념을 쉽게 익힐 수 있는 책이다.

〈사진과 내용 출처: 웅진주니어〉

센서와 우리 생활

외부 자극에 대해 반응을 감지할 수 있는 장치나 시스템을 센서라고 한다. 기계에서의 센서는 우리 몸의 오감(시각, 청각, 미각, 후각, 촉각)과 비슷한 기능을 하는 것으로 우리 몸에서 감각기관에 의해 감지된 감각에 따라 뇌에서 명령하는 것과 같은 일을 기계에서는 정보 처리부가 한다.

우리 생활 주변에서는 광센서, 적외선 센서, 온도 센서, 압력 센서 등 여러 가지 종류의 센서가 사용되고 있다. 특히 스마트폰에는 여러 가지의 센서가 내장되어 있는데 조도 센서, 중력 센서, 가속도 센서, GPS 센서, 지자기 센서, 마이크 센서, 자이로스코프 센서, 카메라 센서, 근접 센서, 제스처 센서, 지문 인식 센서 등이 사용되고 있다.

이번 활동에 사용한 진동센서는 소리를 지르거나 손뼉을 치거나 입김을 불어 공기의 진동을 일으키면 반응하므로 진동을 일으켜 스위치 없이도 불을 켜거나 끌 수 있다.

참고 영상 사이트

1. Origami Octahedron (https://www.youtube.com/watch?v=6PSGIF-r9EY)
2. 종이접기는 놀이가 아니라 과학이다 (https://www.youtube.com/watch?v=eDp-RRjm4nM)
3. Origami 3D Cube paper box (https://www.youtube.com/watch?v=5Vi0aMazWxI)
4. 종이접기 polyhedron (https://www.youtube.com/watch?v=Z0hKAPrNnqI)
5. Issey Miyake Origami Fold (https://www.youtube.com/watch?v=4gdxhNnytSs&t=336s)
6. 전기회로송 (https://www.youtube.com/watch?v=bVzO7ZtqSHA)
7. 접을수록 세상이 바뀐다 (https://www.youtube.com/watch?v=IErbMIQcP2E&t=30s)
8. Spirit Bomb Origami (https://www.youtube.com/watch?v=6JNGrI7o_rY&t=341s)

참고문헌

천재학습백과 초등 소프트웨어 용어사전. 천재교육.

사이언스 레벨업 사이트(sciencelevelup.kofac.re.kr) '스마트폰의 센서', '스마트폰의 놀라운 센서들'

콤팩트 망원경

활동 개요

본 활동은 종이접기 속의 규칙에 대한 이해와 육각형의 특징과 입체도형에 대한 수학적 이해, 렌즈의 성질에 대한 과학적 이해를 기반으로 콤팩트 망원경을 완성하도록 구성되었다.

첫 번째 활동에서는 종이접기 기술이 첨단과학기술과 우리 생활 속에서 활용되는 사례를 알아보고 종이접기 기술의 장점을 알아보면서 특히 제임스 웹 우주망원경에 응용된 종이접기 기술을 중심으로 종이접기 속의 수학과 규칙을 찾아본다. 또한 제임스 웹 우주망원경 반사거울에 사용되는 육각형 도형의 특징도 탐구한다.

두 번째 활동에서는 똑같은 모형을 여러 개 조립해서 다면체로 만드는 유니트 종이접기 방법을 사용하여 평면 색종이로 입체 육각상자를 만들어보면서 다면체와 선대칭의 개념을 이해한다.

세 번째 활동에서는 볼록렌즈와 오목렌즈의 성질을 비교하는 실험을 통하여 렌즈의 특징을 탐색하고 렌즈를 통과한 빛의 경로를 이해하며 이러한 성질을 바탕으로 우리 생활 속에서 어떻게 렌즈가 활용되고 있는지를 알아본다.

마지막으로 망원경의 역사를 알아보고 렌즈를 사용한 갈릴레이식 망원경과 케플러식 망원경을 비교해 본 다음 전개도를 이용하여 종이접기 방법으로 접고 펼 수 있는 콤팩트 망원경을 만드는 과정을 통해 망원경의 원리를 이해하고 직접 만든 망원경으로 관찰 활동을 하는 것으로 구성되어 있다.

	차시	주요 활동 내용
활동 내용	1	우주 망원경에 응용되는 종이접기 기술 - 종이접기가 우주공학에 필요한 이유와 우주망원경에 사용된 종이접기 기술 알아보기 - 종이접기 속의 수학 탐구하기 - 육각형의 특징을 탐구하고 자연과 생활주변에서 볼 수 있는 육각형 구조 알아보기
	2	평면 색종이를 유니트 접기하여 입체 육각 상자로 만들기 - 유니트 종이접기의 장점을 이해하기 - 각도, 꼭짓점, 합동 등의 개념을 이해하면서 종이접기 - 유니트를 연결하여 육각 상자 만들기
	3	렌즈의 성질과 이용 - 볼록렌즈와 오목렌즈를 비교하고 렌즈에 의해 보이는 물체의 상 알아보기 - 볼록렌즈와 오목렌즈를 지나는 빛의 경로 탐색하기 - 볼록렌즈와 오목렌즈의 활용 예를 알아보기
	4	콤팩트 망원경 만들기 - 망원경의 역사와 원리를 알아보고 갈릴레이식과 케플러식 망원경 비교하기 - 전개도를 종이접기하여 접고 펼 수 있는 경통 만들기 - 볼록렌즈를 사용하여 콤팩트 망원경을 완성하고 관찰하기
준비물	색종이, 종이접기 망원경 도안 1매, 볼록렌즈 30mm, 볼록렌즈 22mm, 오목렌즈 볼록렌즈세트, LED램프, 머리빗, 양면테이프, 스카치테이프, 가위, 풀	

융합적 요소 및 교육과정과의 연계성

수학	과학
▶ 해당 학년군: 5-6학년군 - 4학년 1학기 각도 - 4학년 2학기 다각형 - 6학년 1학기 각기둥과 각뿔	▶ 해당 학년군: 5-6학년군 - 6학년 1학기 렌즈의 이용
• 성취 기준 [4수02-11] 다각형의 의미를 안다. [4수02-12] 주어진 도형을 이용하여 여러 가지 모양을 만들 수 있다. [6수02-01] 도형의 합동의 의미를 알고 합동인 도형을 찾을 수 있다. [6수02-06] 각기둥을 알고 구성요소와 성질을 이해한다.	• 성취 기준 [6과11-02] 빛이 렌즈를 통과하면서 굴절되는 현상을 관찰하고 관찰한 내용을 그림으로 표현할 수 있다. [6과11-03] 볼록 렌즈를 이용하여 물체의 모습을 관찰하고 볼록 렌즈의 쓰임새를 조사할 수 있다.

+

수학	과학
• 융합적 요소 **수학적 추론 능력** - 평면도형과 전개도를 이용하여 입체도형의 모양을 추론하기 - 종이접기의 규칙과 대칭 모양을 추론하기 **개념 및 원리의 이해** - 각도, 합동, 대칭의 개념과 성질 이해하기 - 다각형 개념과 육각형의 특징 이해하기 - 육각기둥의 특징 이해하기 **문제해결 및 의사소통** - 여러 가지 도형의 성질을 이용하여 종이접기 모형을 제작하기 - 종이접기 속의 수학적 개념을 이해하여 평면 종이로 입체도형으로 제작하기	• 융합적 요소 **기본 개념 이해** - 빛의 여러 가지 성질을 이해하기 - 렌즈에서의 빛의 굴절을 이해하기 **현상에 대한 관심** - 생활 주변에는 사용하는 렌즈의 활용 알기 - 오목렌즈와 볼록렌즈에서의 빛의 경로 관찰하기 **과학적 탐구 능력** - 망원경의 원리 탐구하기 - 첨단과학분야에 활용되는 종이접기 기술 탐구하기 - 볼록렌즈를 이용한 도구 만들기

교수·학습 과정안(1차시)

활동명	우주 망원경에 응용되는 종이접기
활동주제	우주 망원경에 응용되는 종이접기 기술 알아보기
학습목표	1. 첨단 우주공학에 사용되는 종이접기 기술의 활용과 필요한 이유를 탐구한다. 2. 종이접기의 기초와 종이접기 속의 수학적 개념을 이해한다. 3. 육각형 도형의 특징을 탐구한다.

활동 1 우주 망원경에 응용되는 종이접기

| 우주 망원경에 응용되는 종이접기 기술 알아보기 |

■ 활동 순서

① 종이 접기가 첨단 우주공학에 이용된 이유와 종이접기의 장점을 알아본다.

② 종이접기의 기초와 종이접기 속의 합동, 대칭, 각도 등의 수학 원리를 찾아본다.

③ 과학 분야와 우리 생활 주변에 응용되는 종이접기의 예를 알아본다.

④ 우리 생활 주변에서 종이접기를 활용하면 좋을 물건에 대한 의견을 발표한다.

활동 2 육각형 탐구생활

| 육각형 도형의 특징 이해하기 |

■ 활동 순서

① 정다각형 가운데 빈틈없이 평면을 메울 수 있는 도형을 찾아본다.

② 빈틈없이 메울 수 있는 정다각형 가운데 같은 길이의 띠를 사용했을 때 넓이가 제일 큰 다각형을 알아본다.

③ A4용지를 이용하여 삼각기둥, 사각기둥, 육각기둥을 만들고 각 기둥에 책을 올려 보면서 가장 튼튼한 도형을 찾는다.

④ 자연과 우리 생활 주변에서 육각형 구조가 사용되는 예를 찾아보고 발표한다.

■ 이렇게 활동했어요!

■ 여기서 잠깐!

1. 넓이가 가장 큰 다각형 찾기 활동은 제시한 활동지의 모눈 수를 세어 숫자로 비교하고 각기둥을 만들어 가장 튼튼한 도형을 찾을 때는 동일한 A4용지를 사용하여 만들어 같은 무게의 책을 하나씩 올려가며 올라간 책의 수를 비교하여 알아본다.
2. 탐색 활동 시 도형과 각 개념을 중심으로 탐색하되, 그 외의 수학적 개념에 대한 다양한 탐색도 허용한다.

고학년 (활동2)

육각형 탐구생활

어떤 정다각형이 평면을 빈틈없이 채울 수 있을까요?

정삼각형	정사각형	정오각형	정육각형	원
		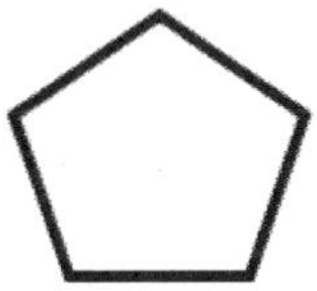		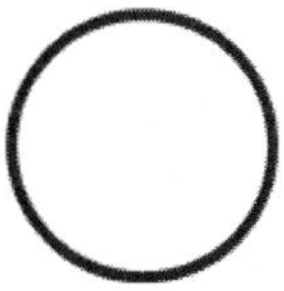
빈틈없이 채울 수 있는 도형은 ( )이다.				

같은 길이의 띠로 각각 정삼각형, 정사각형, 정육각형을 만들었을 때 어떤 도형이 가장 넓이가 클까요? 눈금의 수를 세어 비교해보세요.

도형	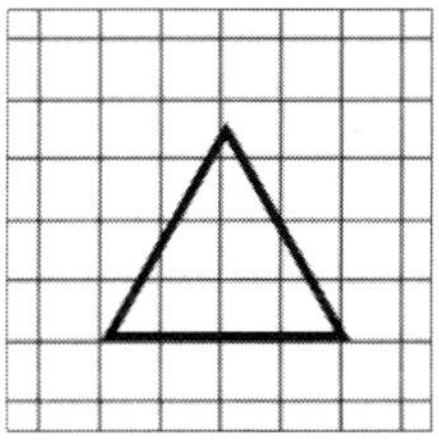	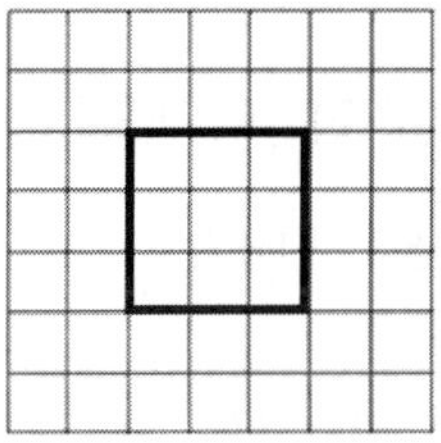	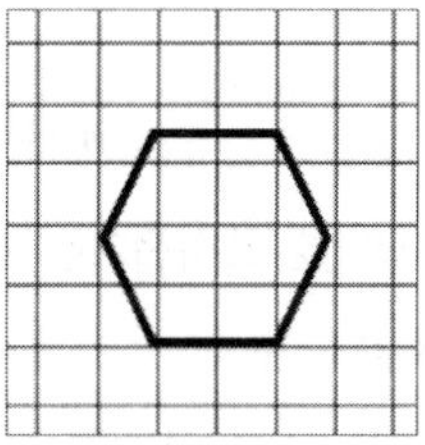
눈금의 수			
위의 결과로 가장 넓이가 큰 도형은 ( )이다.			

A4용지를 이용하여 삼각기둥, 사각기둥, 육각기둥을 만들고 각 기둥에 책을 올려 보고 가장 튼튼한 도형을 찾아보세요.

도형	정삼각형	정사각형	정육각형
올라간 책의 수			
위의 결과로 가장 튼튼한 도형은 ( )이다.			

교수·학습 과정안(2차시)

활동명	평면 색종이의 입체 변신
활동주제	평면 색종이를 유니트 접기하여 입체 육각상자로 만들기
학습목표	1. 유니트 종이접기 방법의 장점을 이해한다. 2. 유니트 종이접기로 평면도형으로부터 입체를 만들 수 있다.

활동 1 유니트 종이접기 속의 수학 알아보기

| 유니트 종이접기 알아보기 |

■ 활동 순서

① 여러 장의 정사각형의 종이를 접어 둔 다음 각각 조립해서 하나의 작품으로 완성하는 유니트 종이접기에 대해 알아본다.

② 유니트 종이접기의 예시 작품을 감상하고 입체 도형, 합동 등의 수학 원리를 찾아본다.

③ 유니트 종이접기의 장점을 알아본다.

활동 2 유니트 종이접기로 만드는 육각상자

| 유니트 종이접기로 육각상자 만들기 |

■ 활동 순서

① 15cmx15cm 색종이 반 장을 준비한다.

② 동영상의 종이접기 방법을 참고하여 종이를 접는다.
(참고 동영상: 육각조립상자접기 https://www.youtube.com/watch?v=CHc5QA7Q7y4)

③ 위의 종이접기를 동일하게 반복하여 6개의 유니트를 만든다.

④ 6개의 유니트를 연결하여 육각상자의 밑상자를 만든다.

⑤ 다른 6개의 유니트를 연결하여 육각상자의 윗상자를 만들어 밑상자와 결합한다.

■ 이렇게 활동했어요!

■ 여기서 잠깐!

1. 육각상자를 만드는 활동이 단순한 종이접기 활동에 머물지 않도록 수학적 개념과 요소를 활동하는 동안 찾아볼 수 있도록 지도한다.
2. 유니트 종이접기로 육각상자를 만드는 체험을 하고 유니트 종이접기의 좋은점에 대해 의견을 나누도록 한다.

교수·학습 과정안(3차시)

활동명	볼록렌즈와 오목렌즈
활동주제	렌즈의 성질과 이용
학습목표	1. 빛의 성질과 렌즈의 특징을 탐색한다. 2. 볼록렌즈와 오목렌즈를 비교하고 렌즈를 통과한 빛의 경로를 관찰한다.

활동 1 볼록렌즈와 오목렌즈의 특징 알아보기

| 볼록렌즈와 오목렌즈 비교하기 |

■ 활동 순서

① 빛의 여러 가지 성질을 알아보고 빛의 굴절에 대해 이해한다.

② 볼록렌즈로 가까이 있는 물체와 멀리 있는 물체의 모습을 관찰한다.

③ 오목렌즈로 가까이 있는 물체와 멀리 있는 물체의 모습을 관찰한다.

활동 2 빛이 렌즈를 통과할 때

| 빛이 렌즈를 통과할 때의 경로 알아보기 |

■ 활동 순서

① 빛이 머리빗 같은 슬릿을 통과할 때 직진으로 나아가는 것을 관찰한다.

② 빛이 볼록렌즈와 오목렌즈를 통과할 때의 빛의 경로를 관찰하고 그려본다.

③ 우리 생활 주변에서 렌즈를 사용하는 경우를 찾아본다.

■ 이렇게 활동했어요!

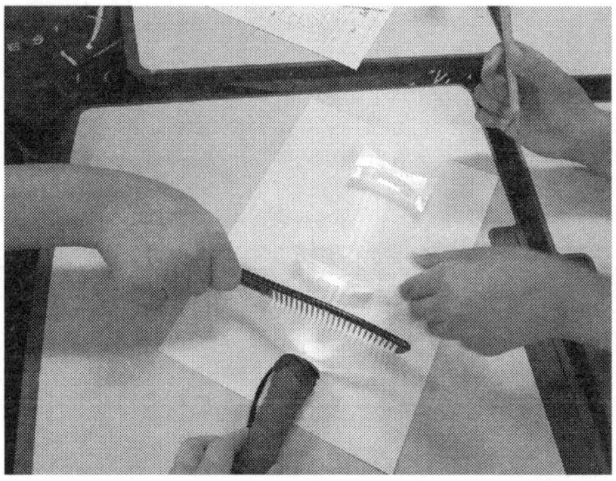

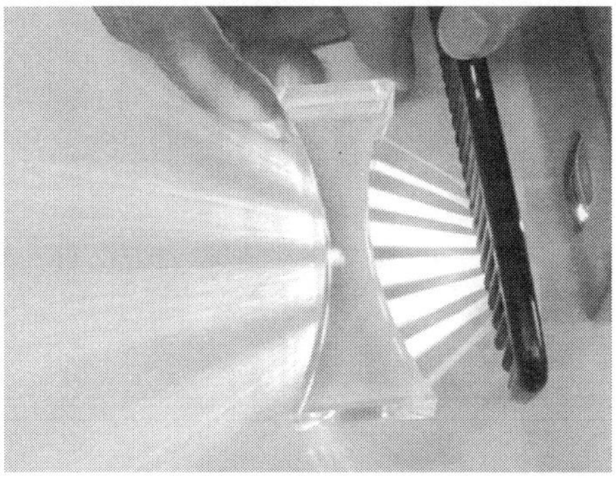

고학년 (활동 1, 2)

렌즈 탐구생활

렌즈를 통해 보이는 물체는 어떻게 보이나요?

	물체가 렌즈에 가까울 때	물체가 렌즈에서 멀 때

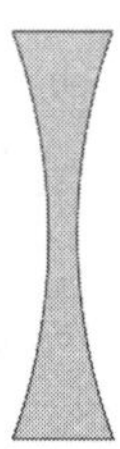		

각 렌즈를 통과한 빛의 경로를 그려보세요.

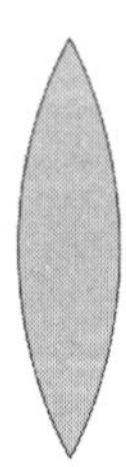	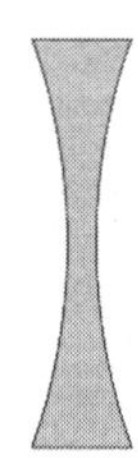

우리 생활에서 렌즈를 사용하는 경우를 찾아보세요.

교수·학습 과정안(4차시)

활동명	접었다 폈다 망원경
활동주제	콤팩트 망원경 만들기
학습목표	1. 망원경의 경통을 종이접기 방법으로 만들 수 있다. 2. 망원경의 원리를 이해한다.

활동 1 망원경의 발전과 원리 알아보기

| 망원경의 원리 알아보기 |

■ 활동 순서

① 망원경의 발전사를 알아본다.

② 갈릴레이식 망원경과 케플러식 망원경의 원리를 이해하고 차이점과 장단점을 비교한다.

③ 굴절망원경과 반사망원경을 비교하고 뉴턴식 반사 망원경에 대해 알아본다.

활동 2 종이접기로 만드는 망원경

| 종이접기로 망원경 만들기 |

■ 활동 순서

① 종이접기 도안을 이용하여 경통부분을 만든다.

② 육각형 도안에 대물렌즈와 접안렌즈 부분에 2개의 볼록렌즈를 붙인다.

③ 완성한 망원경으로 물체의 모습이 어떻게 보이는지 관찰한다.

④ 종이접기 망원경의 장점을 발표한다.

■ 이렇게 활동했어요!

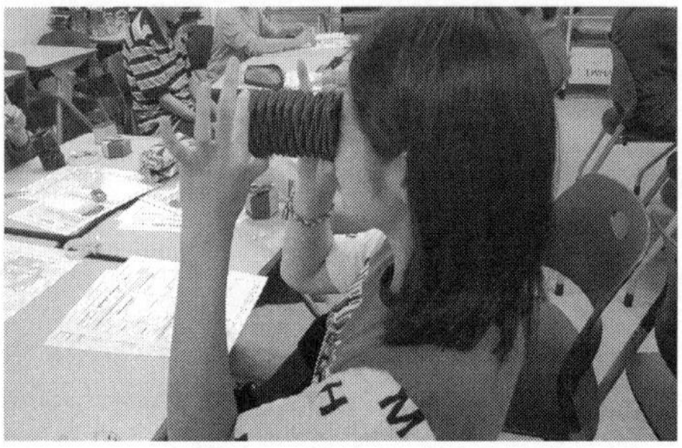

■ 여기서 잠깐!

1. 이번 활동에서 제작한 망원경은 2개의 볼록렌즈를 사용한 케플러식 망원경이지만 접안렌즈 부분에 오목렌즈를 사용하여 갈릴레이식 망원경을 만들어보고 차이점을 비교해 보는 활동도 해볼 수 있다.
2. 달 사진을 관찰하고 달 스케치를 해보거나 종이접기 망원경으로 숨겨진 작은 글씨를 찾아내는 게임 등을 통해 관찰 활동에 흥미를 유발할 수 있다.

고학년 (활동 1,2)

망원경 탐구생활

갈릴레이식 망원경과 케플러식 망원경의 차이점을 써 보세요.

내가 만든 케플러식 망원경으로 달 사진을 관찰하고 스케치를 해봅시다. 달 사진을 맨눈으로 관찰한 것과 망원경을 통해본 모습의 차이점도 써 보세요.

교사용 참고 자료

도서 『로버트 랭의 완벽한 종이접기』

이 책은 공학자 출신이자 NASA 우주망원경 제작에도 참여했던 로버트 랭이 종이접기의 역사와 도구 용어에 대한 소개로 시작하여 37개의 오리지널 도안을 난이도별로 제시하고 있는 책이다. 평면인 종이를 이용하여 쉬운 단계부터 움직이는 모형을 제작하는 단계까지 경험할 수 있도록 친절하게 설명이 되어 있다.
종이접기가 단순한 놀이의 차원을 넘어 수학과 공학과 융합되어 있으면서도 예술적 가치를 지니도록 차원을 끌어올린 로버트 랭의 도안들을 체험하면서 종이접기에 숨은 과학과 공학으로의 관심과 흥미도 느낄 수 있을 것이다.

〈사진 출처: 비전코리아〉

제임스 웹 우주망원경과 종이접기 기술

제임스 웹 우주망원경은 허블우주망원경을 대체할 차세대우주망원경이다. 이 망원경의 반사경 부분은 육각 조각 거울 18개를 합쳐 만든 지름 6.5m 크기로 왼쪽과 오른쪽 가장자리의 조각 거울들은 접어서 뒤로 보내게 제작되었다. 거대 망원경에는 빛을 최대한 잘 모을 수 있도록 오목한 곡면의 각도를 정밀하게 계산한 거울을 사용하는데 곡면의 각도가 잘못되면 빛이 반사되는 각도가 달라져서 빛이 제대로 모이지 못하고 상이 흐려진다. 또 반사경의 크기의 한계도 있다. 거울이 너무 두꺼우면 유리가 열팽창을 일으켜 곡면이 뒤틀려서 반사되는 빛이 퍼지게 된다. 그래서 반사경은 수cm 두께로 얇게 만들게 되는데 이렇게 얇은 유리를 너무 크게 만들면 자신의 무게를 이기지 못해 휘어질 수 있다. 이러한 이유로 한 장의 큰 거울 대신 육각형의 거울을 이어 붙이는 방식을 택한 것이다.
또한 테니스장 크기 정도의 5겹의 차폐막에도 종이접기 기술이 사용된다. 차폐막은 태양열로부터 망원경을 보호하기 위한 것이다. 처음에는 접혀진 상태로 로켓에 실리지만 발사 후 29일에 걸쳐 지상 150만 km 상공 궤도에 도착하는 동안 차츰 펼쳐지도록 제작되었다.

〈사진 출처 : NASA(https://www.jwst.nasa.gov/)〉

망원경의 발명

네덜란드의 안경제작 기술자인 한스 리퍼세이가 1608년에 최초로 망원경을 발명하였으나 본격적인 망원경의 활용은 1609년 갈릴레이가 망원경을 만들어 달 표면의 크레이터와 목성의 위성, 태양의 흑점을 발견한 것으로 보아야 할 것이다. 볼록렌즈를 이용하여 빛을 굴절시켜 모으는 굴절망원경은 갈릴레이식 망원경과 케플러식 망원경으로 나눌 수 있다. 갈릴레이식 망원경은 대물렌즈로 볼록렌즈를 사용하고 접안렌즈는 오목렌즈를 사용하여 만든 것으로 상이 똑바로 보이는 장점이 있지만 상이 좁게 보이는 단점을 가지고 있다. 이에 반해 케플러식 망원경은 볼록렌즈 2개를 사용하여 상이 거꾸로 보이지만 상이 안정되고 넓게 보이는 장점이 있다.

굴절 망원경에서는 빛이 렌즈를 통과하면 색깔별로 굴절되는 정도가 다르기 때문에 정확하게 한 점에 모이지 않고 색수차가 발생한다. 이러한 문제를 개선하여 렌즈 대신 거울을 이용하여 반사시켜 상을 맺히게 하는 망원경을 반사 망원경이라 한다. 반사 망원경은 렌즈 대신 거울을 이용하여 주경의 포물면에 모인 빛이 사선으로 높인 평면거울에 반사되어 접안렌즈를 거쳐 우리 눈으로 들어오게 만든 것으로 여러 장의 거울을 이어 큰 거울로 쓸 수 있기 때문에 거대 망원경에 쓰인다.

갈릴레이식 망원경	케플러식 망원경	뉴턴식 반사 망원경
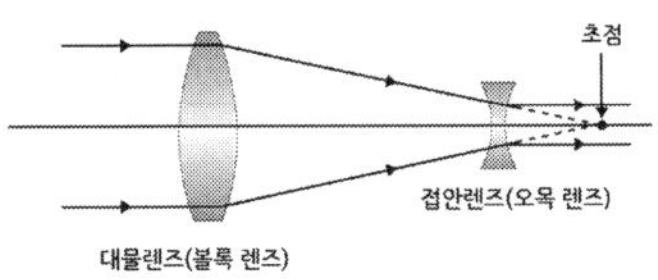	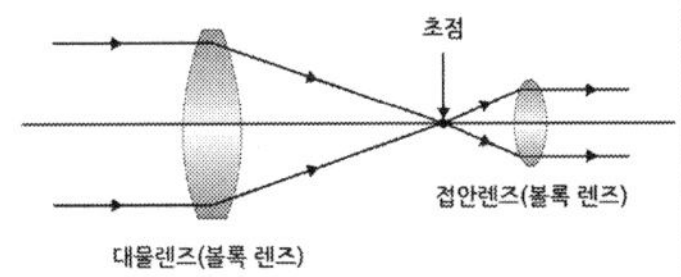	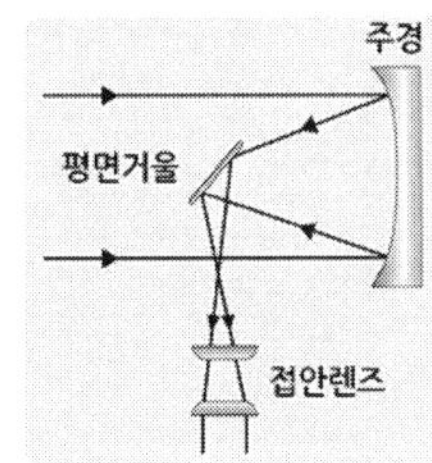

〈사진 출처 : 에듀넷(http://www.edunet.net/)〉

참고 영상 사이트

1. James Webb Space Telescope Develoyment In Detail
(https://www.youtube.com/watch?v=bTxLAGchWnA&feature=youtu.be)
2. The math and magic of origami(https://www.youtube.com/watch?v=NYKcOFQCeno)
3. 접을수록 세상이 바뀐다, 종이접기의 과학(https://www.youtube.com/watch?v=lErbMIQcP2E)
4. 5 Built Dynamic facades
(https://www.youtube.com/watch?v=TecF1-K5SWw&feature=youtu.be)
5. Origami wheel robot base on magic-ball origami structure
(https://www.youtube.com/watch?v=EiInnP8RzFI)
6. Robot Origami:Robot self-folds,walks,and completes tasks
(https://www.youtube.com/watch?v=ZVYz7g-qLjs)
7. 육각조립상자접기(https://www.youtube.com/watch?v=CHc5QA7Q7y4)
8. 갈릴레이의 달 스케치, 진실과 거짓은?
(https://www.youtube.com/watch?v=FksPUpXTrJI&feature=youtu.be)

참고문헌

로버트 J. 랭(2019). 로버트 랭의 완벽한 종이접기. 비전코리아
Robertlang origami 사이트(http://langorigami.com/)

망원경 전개도 (A3용지 인쇄용)

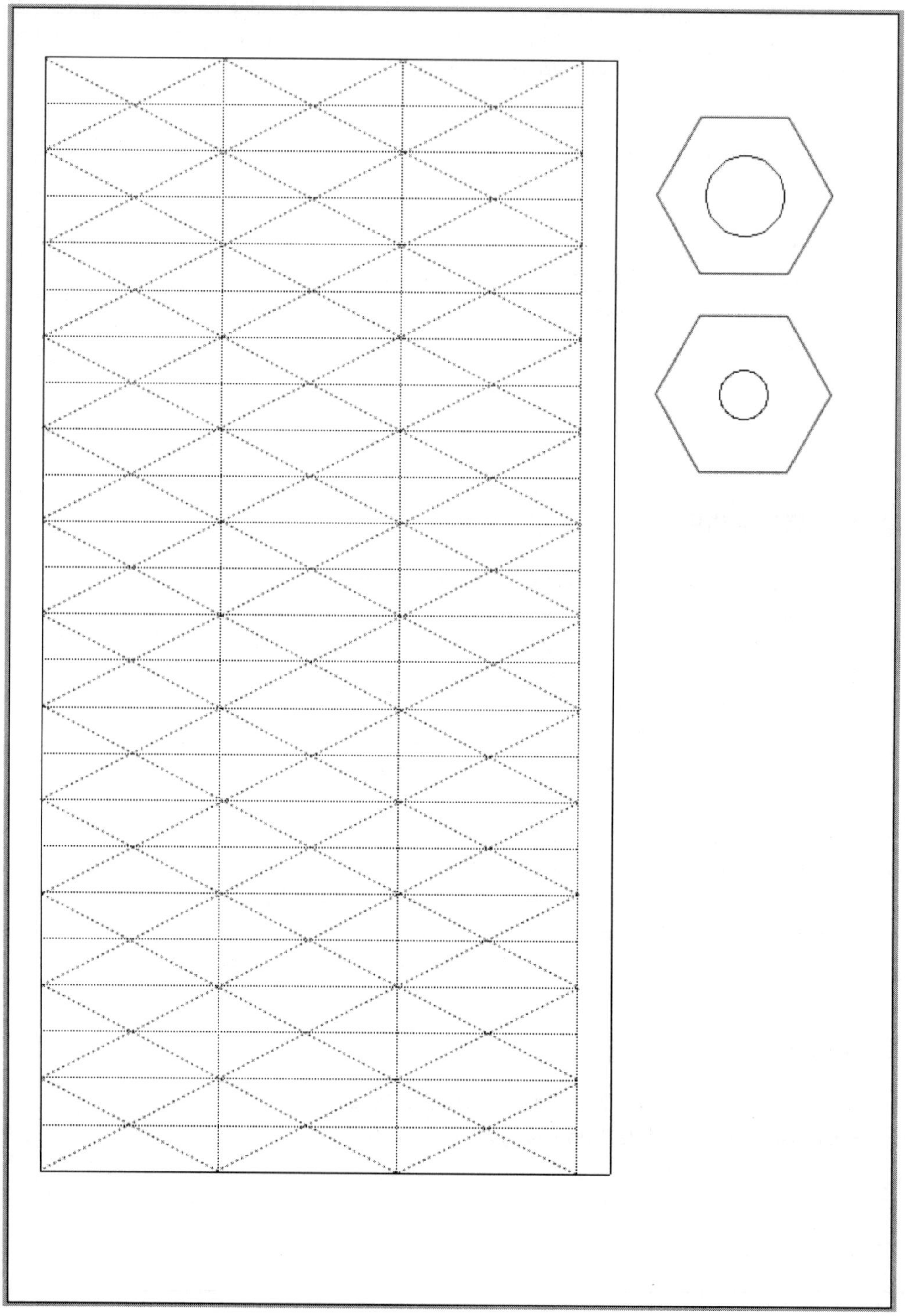

초등교사를 위한
수학·예술·과학
융합 수업 모음집 III

지은이 김민경·김동희·이지영·이수현·홍은숙
펴낸이 조경희
펴낸곳 경문사
펴낸날 2021년 9월 1일 1판 1쇄
등 록 1979년 11월 9일 제1979-000023호
주 소 04057, 서울특별시 마포구 와우산로 174
전 화 (02)332-2004 팩스 (02)336-5193
이메일 kyungmoon@kyungmoon.com

값 15,000원

ISBN 979-11-6073-468-3

★ 경문사의 다양한 도서와 콘텐츠를 만나보세요!

홈페이지	www.kyungmoon.com	페이스북	facebook.com/kyungmoonsa
포스트	post.naver.com/kyungmoonbooks	블로그	blog.naver.com/kyungmoonbooks
북이오	buk.io/@pa9309	유튜브	https://www.youtube.com/channel/UClDC8x4xvA8eZlrVaD7QGoQ

경문사 출간 도서 중 수정판에 대한 **정오표**는 **홈페이지 자료실**에 있습니다.